# 重病的香港，如何救治？

冼國林

# 編者語

香港的深層次問題,一直給視為「燙手山芋」,誰接過都遭殃。也曾有人以為,這裏說的是房屋。然而,在冼師傅這本書裏,房屋並沒有佔上位置。就說「燙手山芋」吧,房屋這一枚,相較之下,原來並不那麼燙。

又有比喻說,特區政府的班子,都身處「熱廚房」,困在騰騰蒸氣之中,一點兒都不好受。如今,冼師傅硬是把一個個熱鍋的蓋給掀開。

本書的基礎,是網上平台「冼師傅講場」。他說理、果斷、要言不煩,予人留下深刻印象。「燙手山

芋」也好，「熱廚房」也罷，在他面前，彷彿都不是問題了。我們知道，不經殫精竭慮，是無法臻此的。就如摘葉傷人，那功夫，都是久經修練才可望有成。

案例、分析、類比、點晴，這些通過文字與編排，讀者可反覆琢磨與玩味，了解其精粹，豁然開朗，甚至拍案叫絕。

經過整理與深化，出而為書，捧之在手，那種份量，當中的珠璣，可一再拈之撫之，心領神會。出而為書，更是不枉冼師傅好一番心血。

# 前言

　　曾經有人問我，為何要在 Youtube 和 Facebook 開一個「冼師傅講場」及要出這本書，我嘗試在這裏簡覆一下。

　　2019 年 6 月爆發動亂開始，我眼見情況愈來愈差，在暴徒攻入立法會不久，我便透過徒弟嘗試約見兩位我認識多年但不是太熟悉的政府高官，試圖向他們提出我的意見，希望可以出一分力。但得到的回覆就是，第一個說太忙，要稍後安排，結果當然杳無音訊。另外一個就是由助手回覆我徒弟，說首長太忙，叫我提交一份建議書，再安排，我當然無寫建議書，事情就此作罷。

大約 2019 年 8 月底我在 Facebook 寫了一份批評香港法官的文章，有一位朋友讀後轉發給她的一位傳媒朋友，該人看到之後，覺得內容有意思，便約我訪問。在一次訪問中，她問了兩個問題，分別是對警察平亂有何意見，法官判決可否批評，最後分兩條短片發佈。結果兩條片的瀏覽人數居然分別是 28.2 萬及 25 萬多。後來有位在電視台工作的朋友說你講的內容充實及有法律文憲依據，有一定說服力，既然有心為香港發聲，不如自己開一個平台，便更有自主及彈性，「冼師傅講場」這個名字，便有他的意見在。令人振奮及支持我繼續講下去的是，除了愈來愈多網友支持外，我在平台提出許多意見，巧合地，政府有關

部門的新政策居然和我的一些意見在某程度上不謀而合，所以一直開台至今。

至於何解要出書？我是希望可以讓更多人了解香港情況，亦希望透過這本書提出更多對香港有用的意見，盼當權者可以作為參考，讓我這個 60 歲以上的殘疾老人總算對香港有一些貢獻，不枉此生。

香港病在哪裏？

香港曾經是一個非常輝煌和繁榮的國際金融中心和旅遊中心，但是自 1997 年回歸後為什麼會逐漸衰落？究竟一國兩制和《基本法》的實施是否有問題？《基本法》有否修改需要？當中有否任何缺陷或漏洞讓反對派或有惡意的政黨加以利用以偏離《基本法》的原有職能？在考慮修訂《基本法》之前我們應該先進行詳細的分析去找出所有隱藏的風險和問題的根源，以便找出徹底治本的解決方法令香港可以重拾昔日光輝。

回顧了過去 23 年香港特別行政區的社會爭拗和動亂問題後，不難發現所有問題主要來自以下因素：

1. 缺乏國民身分的認同，尤其是在年輕一代以及持有外國護照的人。當中由殖民地時代服務政府過渡至回歸的公務員，對中國人身分的接受性有相當保留，甚至有反特區政府思維的年青公務員亦為數不少。

2. 教育工作完全失敗，包括未能有效對小學、中學及大學生灌輸正確愛國思想及國民身分認同。在教師培訓方面未能正確養成教師應有的教師專業守則及政治中立。教育局多年失職，亦是令外國勢力輕易全面滲透的主要原因。

3. 司法制度不健全，對大律師、律師和檢控官等司法人員缺乏適當的監管及定期重新培訓以至令有關專業水平出現明顯的參差及政治偏頗，而嚴重影響司法公正性，損害香港司法的公平形象。

4. 政府文宣工作未能達到合理水平，政府新聞處的拙劣，香港電台扭曲的角色及節目長期存在爭拗，嚴重打擊特區政府的威信。

5. 司局長級官員的能力及表現屢受批評，嚴重的「裸官」情況所帶出的忠誠度問題引起大眾的高度關注；多次的公共政策錯誤。

6. 嚴重扭曲了的立法會形象及長期不必要的爭拗，不單影響立法會正常運作政府施政，更重要是帶給新一代極為負面影響。

7. 三權分立和行政主導的誤解。

8. 外部勢力的滲入及反中國邪教的擴張之下培養出一股龐大新一代反政府勢力。

　　上述所有因素都不應該獨立討論，因為它們都是相互關聯的，並且其中一些因素可能會受到外部勢力

的操縱。例如，外部力量可以通過教育渠道向年輕一代灌輸反共思想，從而建立一支強大的反政府力量。當這些年輕人大學畢業後，可能會成為法律從業人員、教師、公務員、社工等不同專業人員，在社會舉足輕重。因此，在本書中，當我談論特定主題時皆參考其他章節以便向讀者呈現更清晰的畫面。儘管本書的某些內容可能涉及較為專業的技術術語尤其是與司法和執法人員有關的部分，但我嘗試使用通俗易懂的語言讓讀者易於理解並列舉生活中的實例和有關案例以豐富內容和增加趣味性，以免使讀者感到枯燥乏味。

其實，香港政府制定了許多錯誤政策引至民怨，不單只是反政府心態產生的主要原因，亦給予反中勢力一個極佳的滲透缺口。但是由於篇幅關係我只能先集中討論政制及較急切問題，民生、房屋及經濟問題留待有機會再討論。

# 目　錄

第一章

教育失敗，
國民身分認同的抗拒及
反共勢力的滲透

# 法輪功
# 顛覆不止

　　自香港回歸中國二十多年以來，除了數次短暫時間的波動，香港經濟都能夠保持持續向上發展的軌迹。再加上龐大的政府財政儲備，香港特別行政區（以下稱特區政府）的多位行政長官在過去的二十多年中一直忽略了隱藏的反政府力量和外國勢力的活動，以及那些利用宗教掩蓋的反中力量。例如，臭名昭著的反共組織「法輪功」就一直利用《基本法》第141條所賦予的宗教信仰自由條文保護下，在香港以宗教包裝實則積極吸收會員，特別是專業人士和年青人發展反中活動。儘管他們明目張膽在香港各區發展，但特區政府並沒有採取積極行動制止。有人猜測特區及中央政府評估法輪功在香港影響輕微所以故意讓其發展，目的是向外間證明香港與中國大陸不同，

港人可以擁有更大的言論自由。如果這是事實，則肯
定是一個非常嚴重的錯誤。根據法輪功過去幾年所有
公開集會和遊行的參與人數，我們可以粗略估計，香
港的法輪功成員可能達到近十萬，其中包括未有在公
眾活動中露面的成員。這些成員是反政府勢力的強大
力量。「法輪功佛教協會」自稱是一個宗教和慈善組
織並根據《社團條例》在保安局轄下，香港警察負責
的社團註冊處註冊成立的，但在過去多年，實則是一

法輪功組織遊行（《明報》資料圖片）。

個主要從事反中活動的機構而並非其原先所聲稱是一
個佛教團體。

　　在 2002 年，香港警察根據中聯辦報案在中聯辦
門外以阻街、拒捕、毆打警員等罪名逮捕了在中聯辦
門外示威的 17 名法輪功成員並全部加以控告。所有
被告都在首次審訊中被判有罪。但是，法輪功稍後上
訴至終審法院並成功脫罪。首席大法官李國能指被告

法輪功於遊行時舉上「結束迫害」、「解體中共」的標語（《明報》資
料圖片）。

的示威活動並未構成阻街罪名，而和平示威是受到
《基本法》第 27 條所保障。這判決對特區政府取締
反共組織的決心起了極大的負面影響。

其實當日律政司可指控他們一項較嚴重的罪
行──「非法集結」，最高可判處 5 年徒刑。非法集
結的定義是：如果 3 人或多於 3 人集結在一起，作
出擾亂秩序或作出帶有威嚇性、侮辱性或挑撥性的行
為，導致任何人合理地害怕他們的行為會導致社會安
寧被破壞，即屬非法集結。被捕的 17 名法輪功人士
在中聯辦辦公室門前高舉抗議標語，其行為擾亂秩序
及破壞社會安寧，中聯辦因而報案處理。但律政司選
擇以較易入罪的「阻街罪」，結果被終審庭推翻。理
由是《簡易程序治罪條例》4A 在公眾地方做成阻礙
罪只適用於物品而不適用於人的身上。自此之後特區
政府誤以為無法可依便再無對法輪功採取任何行動，
任由它自由活動。在不受政府管制之下法輪功順理成
章可以急速發展，不受拘束地在香港 19 個地區遍地
開花，包括設有攤位宣傳其理念及招募新成員。

# 如何消滅這些叛亂勢力？

其實要打擊法輪功並不困難，因為現有法律足以解決。首先是他們在街站所擺放之大型物品其實已經違反《簡易程序治罪條例》4A 物品阻街罪，違者可被罰款港幣 $5,000 及入獄 3 個月。另外，由於擺放於街站之物品內容屬於暴力、腐化及可厭，因此亦會觸犯《淫褻及不雅行為管制條例》s.22-24 條。特區政府可依據上述條例將物品沒收及控告有關人士，首次觸犯條例最高可以被判入獄一年及罰款 $400,000。

最重要的殺着是要求警察將法輪功定性為非法組織，因為法輪功一直以來舉行的活動及展示物品的內容與其數十年前根據《社團條例》所申請成立社團時所申報的宗教活動不符，違反《社團條例》8（1）（a）危害國家或公共安全及公共秩序。對於他們在街邊小攤上的展示板，我們同樣可要求警察及有關政府部門

對他們採取行動，並取走這些物品。法輪法一旦失去
其社團地位，成為非法組織，所有成員都將成為非法
組織的成員，這類似於三合會社會的成員，可以阻止
其向公眾，特別是年輕一代傳播邪惡信息。

# 整體教育
# 政策失敗

## 大學成為反政府基地

關於香港的大學我們先從大學的贊助機制開始探討。香港的大學確實容許教授接受外部贊助。這本應是一個好主意,因為允許教授接受外界贊助具有雙重意義。首先,它反映了教授的學術地位和成就是備受公認的。第二,教授可以有更多的資源加強他們的學術研究工作。遺憾的是,由於大學缺乏對外間贊助的嚴格審查,這種做法便容易成為一些別有用心的外國機構透過提供贊助間接影響一些教授並促使他們對學生灌輸錯誤思想繼而培養大批反政府生力軍。試着思考一下,如果一個教授每年能成功影響 100 名學生,100 名教授又可以影響多少學生?在過去 23 年

中又有多少學生受到影響？

現時，這些受負面影響的學生可能已經成為行政
人員、高級政府官員、律師、法官等。外界對教授的
贊助金額大致相當於教授一年的基本工資，而實際
金額將在很大程度上取決於教授們的影響力。雖然
這是未經證實的，但政府不應忽視其存在的可能性。
現在主要的反政府力量來自法律、會計、社會工作、
醫療和教育，這些都是一個城市甚至一個國家的主要
支柱。

香港大學法律學院有些教授明顯有政治立場甚至
他們的言論可能違背了法律的基本原則，但香港大學
仍繼續僱用他們而沒有採取任何行動，甚至沒有任何
口頭或書面的譴責。戴耀廷曾經因煽惑他人犯公眾妨
擾罪、串謀犯公眾妨擾罪而被判入獄，但香港大學
仍然僱用他，讓他繼續向法律學院學生灌輸反政府思
想。至於香港大學的回應解釋有關僱用他的原因，簡
直令人大開眼界。

香港中文大學暴動現場，示威者向警察投擲汽油彈（《明報》資料圖片）。

　　在深入討論大學其他問題之前我們先行了解一下大學的架構。香港的大學是根據香港法例第1053章《香港大學條例》成立的一個具有延續性地位的獨立法團。法例第12條規定校監及首席執行官是由行政長官出任並有權參與大學日常營運。校董會則只是大學的最高諮詢機構並無實權，而大學的校長才是大學的實際執行官，擁有幾乎不受約束的權力。事實上，

行政長官從未參與大學的日常運作。校務委員會才是
由校長領導的大學的實際管理機構，根據第 7 條第 3
節說明其職責包括校長和所有管理人員的任命。行政
長官是否有權控制大學的運作？根據第 12 條規定在
法律上的答案：「是」。然而，除了任命部分校務委
員會成員及校董會成員外，過去從沒有行政長官參與
大學的日常運作。

香港理工大學暴動中，示威者以傘陣抵擋警方的水炮車（《明報》資
料圖片）。

大學所出現的問題極多。我們可以從電視新聞報道中看到學生們公然禁錮副校長六個多小時甚至用粗言穢語威脅。甚至在一次公開會議上在校長及眾人面前有學生公然毆打其他學生但最後卻沒有受到懲罰。此外，在 2019 年香港中文大學和香港理工大學發生的暴動中，行政長官林鄭月娥沒有對大學採取任何行動。她讓校長容忍學生繼續利用大學作為武器庫和暴亂基地。我估計她可能害怕被指責干預學術自由及教學自主。不過，這些其實都是行政長官逃避責任的藉口而已。

為什麼幾乎所有大學校長對那些粗魯的學生都採取容忍態度？首先，大多數的校長都只是有一定地位的學術研究專家，沒有足夠管理方面的經驗。甚至有些曾經是其他大學的副校長，沒有管理整個大學的專業。第二，他們都是按合同條款受僱的，不希望在受僱期間造成很大的麻煩。他們擔心惹怒激進學生會帶來更大的問題甚至危及自身安全。

行政長官林鄭月娥沒有對大學採取任何行動。她讓校長容忍學生繼續
利用大學作為武器庫和暴亂基地（《明報》資料圖片）。

因此，他們總是為了安撫學生，而不採取任何紀
律處分，有時甚至通過表達對學生的關心而站在學生
立場上為他們的錯誤行為找藉口。

更嚴重的是校長們為了包庇學生，拒絕與警察合
作及讓警察進入校園的要求。這是因為他們想包庇
躲藏在大學中的暴徒和激進的學生。實際上，校長

這樣做有可能違反了《刑事訴訟程序條例》中的第89 條規定：「任何人協助、教唆、慫使或促致另一人犯任何罪行，即屬同一罪行有罪。」當然，政府不會對校長採取任何行動，因為擔心這會對行政長官產生負面影響。遺憾的是，香港的大學在校長的間接支持下，成為了世界著名培養恐怖分子和暴亂者的基地。第三，根據《香港大學條例》規程第 XV 條，畢業生評議會的主席和副主席，加上 12 名評議委員會成員成為校董會成員。此外，除校長，司庫和由行政長官任命的 7 人外，還將有 1 名全日制本科生，1 名全日制研究生，4 名全職教師和 1 名不屬於教師的全職大學僱員，將會成為真正的校務委員會成員。這意味着學生、講師以及教職員，在任命校長和副校長方面可能具有極大的影響力。這就是為什麼管理層不想激怒學生的原因。通常，學生會主席和畢業生評議會主席將會成為校務委員會的成員。這就是學生會和畢業生評議會在大學內有如此龐大力量的原因。他們其實都是大學最高管理層的成員。可笑的是，一個沒有任何工作經驗的 19 歲大

學生，可以自動正式成為國際大學內的最高管理層
成員之一，可以左右校長及管理人員的任免。還有，
目前大學的做法是所有新生都會強制性地自動成為
學生會的成員，儘管很少有學生對學生會的工作感
到有興趣。這為學生會帶來很多收入，因為新生入
學時都會交付會員費。更重要的是，學生會有權給
那些想入住大學宿舍的學生打分。因此，在一般情
況下，更沒有學生敢於挑戰學生會的工作及立場。

再者，透過對學生會及大學教授提供財務支持及
贊助，外國勢力可以間接控制或獲得對大學管理層的
巨大影響力。香港共有九所大學根據大學條例而成
立，詳情大致相同。2003 年，時任教育局局長即現
任香港大學校務委員會主席李國章曾經提議將九所大
學合併為四所大學。他的建議其實是非常正確的，由
於過去香港新生嬰兒數量的減少，香港不需要那麼多
大學學位。為了填補空缺，所有大學都試圖通過提供
獎勵計劃來吸引海外學生。實際上，在許多國家，尤
其是英國，大學合併為超級大學已經是一種趨勢。

在過去的十年中，倫敦大學已經合併了多間中小型大學。這樣可以幫助提升大學的地位及更有經濟效益，而大學的前校長亦可成為學院院長。學生們也很高興成為知名大學的學生。此外，鑑於土地資源的短缺，將大學合併起來也可以釋放數百英畝的土地以緩解土地供應問題。特區政府亦可以透過大學合併重組過程中修正大學條例的漏洞。遺憾的是，由於受到一些校長和立法會議員的猛烈抨擊，他的提議被拒絕了。

該如何解決這個問題呢？這在很大程度上取決於：i）立法會的多數成員是否仍在支持特區政府及 ii）行政長官的決心。因為這不僅是教育改革及土地使用計劃，更是一個消除大學反對政府的基地的策略。

首先，教育局局長應向行政長官和行政會議提出與李國章先生相同的建議，但建議內容要確保對有關方面的現有利益都不會受到影響，包括在短期內也毋須減少學生人數。如果行政長官和行政會議接受建

議，新法案中的大學架構應盡量精簡及堵塞外在勢力滲透的可能漏洞。

管理層可不定時邀請學生和教職員代表發表他們的意見，但絕對不需要讓他們成為管理委員會的成員。這樣做不僅是為了阻止外國勢力滲透，這亦令大學日常運作暢順。同時，需要讓學生自由選擇是否加入學生會，並取消學生會給那些想入住宿舍的學生打分的權力。

目前大學的運作是不受教育局監督的。建議將董事會設定為大學的最高管理委員會而不是諮詢機構。同時，所有大學都應受到教育局的監督，行政長官仍然為大學校監，他有權委派任何適當人士出任大學董事會主席及委員代替特首監督大學日常運作，這只需在《教育條例》中加入及更改一些章節便可。對於那些違反大學規則的學生及教職員應採取適當的紀律處分，包括革退，紀律處分程序應簡化以符合實際需要。

# 中學生的反叛及中學教師的質素問題

## 1. 教師培訓失誤

　　現行有兩種途徑可以成為一個合資格的教師，一是從教育大學取得教育學位，另一種是取得大學學位後修讀教育文憑，之後向教育局申請成為註冊教師。我發現教育局曾對教師及校長發出一份明確的教育行為守則，守則內容包括老師不可以向學生灌輸不當的政治思想等等。令人驚訝的是當我詢問了一些中小學的校長時，他們說這些守則並未有包括在老師的培訓素材中。即使連校長也不記得守則的細節。更甚的，有一些學校不單只有政治立場和反政府偏見，更積極鼓勵教師及學生表達反政府立場及組織反政府活動。

## 2. 培訓素材內容偏頗

教育局曾發布準則給學校和教科書出版書商針對在編製書本時應包含什麼範疇，原則上所有書本內的內容應通過教育局審核及批准，但失實及誤導性內容屢見不鮮。一些心態不良的老師更故意在補充教材上加上一些非常偏頗甚至反政府內容去誤導學生。

現時的教育素材完全沒有一些關於培養學生愛國主義和國民身分認同的內容。前行政長官梁振英曾經嘗試開辦國民教育，但由於受到強烈的反對而失敗告終。後果是很多年輕一代以至成年人沉醉於舊日子而缺乏愛國的心態和抗拒中國人的身分認同。由此可見即使香港主權已經回歸中國，一部分人的思想尚未糾正。由於教育的失誤，不單只國民教育失敗告終，去殖民地化更完全談不上。

## 3. 對學校和教師的懲罰措施

《教育條例》賦予教育局很大權力，教育局有

絕對的權力委派人員出任校董會，以控制表現不
佳的學校，取消那些行為不檢老師及校長的資格。
但是很少看到教育局對犯有嚴重不當行為的教職
人員採取嚴厲的措施，發出警告信已算是很嚴重。
這樣一來便導致行為不當的教師愈來愈多並形成
另一股不能忽視的反政府勢力。

### 4. 香港教育專業人員協會的不良影響

　　香港教育專業人員協會（教協）是根據《職工會
條例》成立的教職員工會，它應該是促進會員利益
的機構而不是政治機構。但是，看來這個教協卻很
多時是引領成員參與政治活動，例如反修例相關的
集會及活動。當某些教師的行為違法時，香港教育
專業人員協會會長或其副會長以及立法會教育界功
能組別議員往往立即站起來為這些教師發言辯護。

　　針對教育的問題，有以下提議：

i. 應將教育行為守則及規範列入教師培訓的必修課

題，每個教師每年須出席大約 2 小時的重溫課程來
複習行為守則及任何關於教育的法律的改動。

ii. 對於那些存有政治偏見的老師及學校應採取嚴重
的處罰，包括關閉學校及取消行為不當老師或校
長的專業資格。對於較輕微的錯誤，可考慮停薪
停職或降職。

iii. 在小學、中學和大學課程中應包括國民教育和香
港《基本法》，並設置為必修科目以培養學生愛
國情懷及國民責任。所有教材內容，包括老師自
行提供作測驗之用、坊間自行印製之補充教材必
須嚴格審批，違例者嚴加懲處。

iv. 所有學校包括大學、中學及小學在早上集會時，
都應舉行奏國歌及升國旗儀式，以培養學生愛國
心態。

v. 職工會登記局應提醒香港教育專業人員協會，根

據職工會條例他們不得參與及鼓勵其成員參加任
何政治活動，否則將取消註冊。另外，需對那些
活動與其宗旨不符的工會實行嚴格控制。教育局
亦應透過學校提醒所有參加工會之老師或有關教
育人員有關事宜。

其他培養下一代國民身分認同及正確思想的方法：

i. 建議大力擴展青少年制服團體包括學校交通安全隊

男童軍是較為普及的青少年制服團體（《明報》資料圖片）。

及童軍等等，近年交通安全隊擴展至幼稚園亦大受
學生歡迎。政府可以透過提供資助要求將升旗禮、
國民意識及守法意識加入活動及訓練之內。

ii. 重新大力推展少年警訊 Junior Police Call（簡稱少
訊，JPC）。原是香港警務處公共關係科屬下的組
織，於 1974 年由當時主管總警司凌基沿（Andrew
Rennie）創辦。會員年齡由 6 歲至 25 歲，分為普
通會員、領袖會員（16-25 歲）及深資領袖會員
（16-25 歲）、導師會員及 25 歲以上的參事會員。
會員透過參與警方安排之活動加深撲滅罪惡意識
並透過報警（即時罪行）及通知所屬警察長官在
校內或其他場所有可疑的犯罪活動以協助警方維
持治安，撲滅罪行。少年警訊的會員人數曾經多
達二十多萬人，廣為人知。但於 1995 年代開始
治安穩定，警方將推廣少年警訊計劃放緩，一度
光輝的少年警訊漸漸給淡忘。建議重新包裝少年
警訊，改為制服紀律團體及改名為「少年警察」，
除了一般康樂活動外加上一些警察基本訓練，例

如步操，警察及市民拘捕權的分別的認識，分不
同年齡給予自衛術訓練及准許他們執行一些輔助
工作，例如協助警察清理垃圾，和民眾安全服務
隊（簡稱民安隊）一同執行人群管理等。以往少
年警訊則是校外活動及度假營為主，所以吸引力
愈來愈低，但如果變為半紀律隊伍並灌輸國民教
育則是另一支愛國愛港為社會服務的生力軍。

iii. 民安隊是由政府部門民眾安全服務署的 300 多名
全職職員管理 3,000 多名成人民安隊員及 3,000
多名少年團員組成的一支紀律制服義務團體。他
們的訓練範圍相當廣泛，包括步操、急救、山火
撲滅技巧、煙房中救援、攀山搶救、人群管理及
郊野巡邏等。他們受訓畢業後會在工餘時間被派
往不同工作當值，包括協助警察在大型活動中人
群管制，協助消防員撲滅山火、風災救援及急救
等。但亦是因為特區在過去時期較為太平，政府
所給予的經費沒有大增加及加以推廣，它的名字
已經很少年青人知道。另外，醫療輔助隊和民安

隊的運作及編制人數相若，亦是保安局屬下單
位。但他們主要在大型活動提供緊急醫療服務。
如果將民安隊及醫療輔助隊編制擴到每隊一萬
人，並在恒常訓練中加入國民教育等思想，亦是
培養良好下一代的好方法。

總結來講，除了校內教育需要深度改革外，透過不
同半紀律團體的參與可培養青少年服務社會及公民責
任感，減少新一代被思想污染的機會，值得全力推行。

民安隊是政府部門民眾安全服務署所管理的制服團體（《明報》資料圖
片）。

民安隊東區區部
合照，其時獲得
步操獎。（作者
提供）

冼國林曾參加民安
隊，此為東區區部
合照。（作者提
供）

攝於民安隊周年大會操。（作者提供）

第一章

公務員隊伍的
潛在問題

# 公務員隊伍的潛在問題

回歸以來，特區政府在公務員領域完全沒有採取任何去殖民化措施，而並非所有公務員中都認同中國人身分，尤其在回歸前已在政府任職的人，仍具有殖民地思想。再加上前述的那些被灌輸反政府思想的新畢業生，也加入了特區政府公務員體系，那麼，新舊兩股勢力加在一起，從而在公務員團隊中形成了一股龐大的反政府力量。

公務員事務局本來有一套完整的《公務員守則》，而理論上，所有公務員都必須遵守。不過，我相信即使是公務員事務局局長，也不會清楚《守則》的內容。為什麼我這麼說？

在 2019 年發生的動亂中，許多公務員上街抗議並在政府辦公室張貼了反政府材料。政府勞工處二級勞工事務主任顏武周甚至組織「新公務員總公會」公開反對政府修例政策。高等法院法官李瀚良更知法犯法，公然正式簽名反對政府修例，完然漠視自己是高等法院法官身分，必須尊重法律的大原則。公務員事務局局長和政務司司長竟然一致表示，如果公務員在下班後，在不會影響他們的日間職責之下，他們可以

公務員於下班後參加反政府集會（《明報》資料圖片）。

表達個人意見或參加抗議遊行。他們對媒體的答覆確
實表明，足以證明兩人尸位素餐，完全沒有研究過
《公務員守則》的內容而輕率發表嚴重錯誤訊息。

　　根據《守則》第 5.7 條，公務員應在當政府決定
後，不論其個人意見立場如何，必須完全忠實地支
持和執行政策，他們亦不得公開發表和政府政策不
同的意見。這意味着所有公務員都必須嚴格遵守政
府的決定或指示，無論私下或公開場合，均不得異
議。另外，根據澳大利亞法院的案例，一名移民官員
Michaela Banerji 在 Twitter 上，匿名發表了批評澳大
利亞政府的移民政策的聲明，後來政府發現了，並以
公職不當行為予以解僱。該官員告上法庭爭辯說，她
應該受到言論自由權的保護，政府無權將她解僱。法
院認為，言論自由應有一個不能跨越的界限。作為公
務員，她應該知道，無論她的個人想法如何，她都有
法定職責支持政府並全力正確地執行該政策，最終法
庭判該移民官敗訴並確定政府解僱合理。該案的判決
對包括香港在內的所有普通法地區具有很大的參考價

值。它明確規定了所有公務員不得違反政府既定政策
採取任何行動，而只能嚴格按照指示執行職務。我已
在個人頻道「冼師傅講場」EP7 提出過這一點，並建
議政府發出警告信，以提醒所有公務員根據《守則》
應負的義務。政府這樣做了，但沒有對那些嚴重違反
守則的公務員採取任何紀律處分，發出警告信而不採
取後續行動，只是姿態，沒有任何實際效果。

問題所在：

公務員團隊的忠誠度在任何政府中都是至關重
要。要使公務員嚴格遵守規章制度，最大程度地減
少，甚至徹底清除反政府力量，就必須有嚴格的控制
和紀律處分機制。

在殖民時期，在招募、晉升和調動公務員時，存
在一套完整品格檢查（Integrity Check）機制，確保
公務員的素質和忠誠度。這機制至今仍保留在公務員
事務局網站的手冊中。不過，現時所謂機制已經只會

檢查紀律部隊高級官員，警司級或以上，以及僅關注他是否與被列入黑名單的人有特別關係，或是否有不良行為紀錄，政治立場並非檢查的因素。這意味着，即使其政治立場是反政府的公務員，仍然有機會晉升或調任敏感職位，這漏洞不僅限於普通公務員和紀律部隊成員，各級司法人員，從初級裁判官到高等法院法官，也沒有政治檢查。

讓我們試想一下，如果具有政治立場的大部分公務員傾向於反政府的心態，那麼，政府怎能有效地運作？它不僅影響行政績效，還有破壞政府活動的潛在風險。這不是小事，而是根本問題，若予以忽視，將導致一場大的政治危機，最壞的情況可能會引發否決政府活動的「大火」。至少，它為反政府政黨提供了強大的隱藏力量。

為了解決這危機，政府需要採取徹底措施。首先，應審查紀律處分程序。行政長官已根據《基本法》第 48（4）條制定公務員紀律處分機制。2000

年，特區政府成立了獨立的公務員紀律秘書辦公室，
以處理針對公務員的所有紀律處分。其功能包括：

1. 初步調查並收集證據，向部門提供建議。
2. 召集證人並在紀律聽證會上提交證據。
3. 向委員會成員提供支持。
4. 提供相關先例供參考。
5. 與部門聯絡，並提供紀律處分標準，以供參考。
6. 協助部門查找不適當的區域以及糾正方法。

本來，設立該辦公室的目的是簡化程序，並給被
告公務員一個公平的聆訊機會。但是，結果是剛剛相
反。該辦公室只是提供行政及支援服務的秘書辦公
室，而不是法庭，所以實際上反而令到紀律處分更加
複雜且時間更長，令到要完成整個解僱過程需要兩年
以上而被解僱的公務員人數非常少。

除此之外，政府也沒有針對公然反對政府政策的
公務員作出任何紀律處分。因為對言論自由的錯誤認

識，扭曲了人們的正常判斷，令到許多公務員，甚至
高級官員都有反政府的心態。不單只是紀律處分機制
笨拙，懲罰本身也迹近可笑。例如，被停職的公務員
在停職期間，仍然可以獲得最少半薪或全薪。這完全
不是懲罰，而是鼓勵。如果毋須工作，但仍可獲得半
薪或全薪，太好了！還有一些接到譴責信的公務員，
仍會在短期內提拔。2014 年，一名高級警司因為他
未能有效指揮旺角發生的暴動事件而導致 90 多名警
察被暴徒襲擊傷害，而受到內部譴責。離奇的是，一
年後他卻被提升為總警司。上述的二級勞工事務主任
亦被升級為一級主任。案例太多，我無法在本書全數
引述。這反映出政府根本沒有有效的紀律處分。

　　建議：

　　治國先治吏，沒有忠誠的公務員隊伍，就沒有有
效的政府和穩定的社會環境。這是個關鍵，需要盡快
徹底解決。

　　對於公務員的紀律處分，現時機制是特首按《基本法》第 48（7）授予的權力可任免公務員，但仍需要按《公務人員（管理）命令》第 III 部分要求應考慮由《公務員敍用委員會條例》所成立的公務員委員會意見才作出懲處決定。雖然敍用委員的成員由特首委任，所以特首仍然有一定制約力，但是要一個委員會處理全港近 20 萬公務員的紀律問題，效率如何，可想而知。如今，大家應該明白何以革退五位問責局長可以手起刀落，比起要革退一個廣播處長更容易。

　　我建議應簡化紀律處分程序，由部門內部設立不同級別的紀律委員會，不同部門採用不同等級。我以警察部門的等級為例，以便讀者容易理解：紀律委員會由一位警司（相等於軍方的少校）及兩位總督察組成，可對員佐級人員（警員至警署警長）做出紀律處分裁決。上一級紀律委員會則由一位高級警司及兩位警司組成，可對督察級別的官員作出裁決，如此類推。根據不當行為的嚴重程度，可將懲罰分為以下幾類：解僱，要求辭職，降級，無薪或半薪停職，書面

譴責並禁止升職（三到五年不等）。公務員委敍用委
員會可作上訴機制讓公務員有機會作出上訴。至於副
處長至常務秘書長則由特首直接決定，由於這事情一
定相當敏感，所以毋須公開革退之詳細理由。特首
亦可自願性參考委員之意見，但該意見並無約束力。
（按：紀律隊伍之紀律處分完全由部門首長決定，所
以處分決定比文職公務乾脆利落）。

　　由於忠誠度有問題的公務員為數不少，不可能一
次過全部解僱，所以建議進行大特赦。除正在被調查
之違規公務員外一律發予通知書給予特赦，但同時警
告所有公務員包括司法及檢控人員必須忠誠遵從公務
員守則，特別是第 5.7 條，否則一律即時解僱。如果
有刑事行為會同時交予執法機關辦理。

　　以上只是粗糙的建議，在落實之前，應進行全面
研究，把最終機制完善化。然而，在六個月內，完成
整個紀律聆訊的流程，應是基本目標。如果特區政府

落實方案，便可以掌控全港 20 萬名公務員，將會是
對反中力量的一個重創，特區政府可以騰出力量對付
其他反中勢力。

第二章

三權分立，
司法獨立和不受約束
的起訴的悖論

# 三權分立，司法獨立和不受約束的起訴的悖論

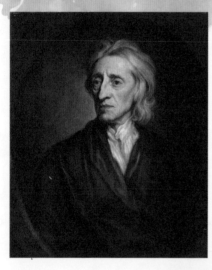

17世紀英國哲學家約翰·洛克 (John Locke)（圖片來源："Portrait of John Locke" by Godfrey Kneller, Collection of Sir Robert Walpole, Houghton Hall, 1779, State Hermitage Museum, St. Petersburg, Russia. Public Domain (PD-US-expired)）。

法國孟德斯鳩 (Montesquieu) 著有《論法律的精神》（圖片來源："Portrait of Charles de Secondat, Baron de Montesquieu (1689-1755)" the National Museum of the Palaces of Versailles and Trianon, 1839, France. Public Domain (PD-US-expired)）。

三權分立最早由 17 世紀英國哲學家約翰·洛克（John Locke）提出。1748 年，法國的孟德斯鳩（Montesquieu）在他的《論法律的精神》一書中，描述了立法機關，行政機關和司法機關之間政治權力分配的各種形式。他認為，各國的國王擁有不受束縛的絕對權力，可能導致濫用權力。分權制可以把三權互相制衡，使政府平穩運作。但是，究竟是應該把三權絕對平等地分開，還是應該由其中一個部門，即由行政來主導呢？在香港，有人認為三權分立，意味着三權平等，沒有任何一權可以作主導地位，亦沒有部門可以干涉另外兩個部門，否則就是違反原則。這些人並不同意行政主導。這種說法是否正確？這議題我們可參考其他國家的實際做法。

英國有兩個議院，下議院和上議院。下議院享有實權，而上議院只具有一些剩餘的象徵式權力。首相由下議院多數黨推選產生，一旦當選，他就可以任命他屬意的各部大臣。所有法案都是由首相提出，除非他所屬的黨內有爭議，否則他所提交的法案幾乎都會

通過，皆因多數黨一般控制着下議院的多數席位。換言之，英國首相對立法過程相對有一定的主導地位。

關於行政部門與司法部門之間的關係，我們可以參考英國高等法院法官的任命程序。在英國，司法部長成立司法任命委員會，委員會先將符合條件的候選人提交首相審閱，在首相認可候選人名單後，候選人名單將提交女王作最後批准。女王的批准只是象徵性的程序，實際權力掌握在首相手中。這意味着，儘管英國採用了三權分立的原則，執行上仍是行政主導。

第二次世界大戰後的日本，採用了議會制，而議會是最高權力機構。它與英國制度非常相似。日本憲法規定，提出法案的權力掌握在內閣手中，首相則是內閣最高領導人。首相則由議會佔大多數的派系選出。與英國一樣，首相可任命各部部長。

對於任命高等法院法官，幾乎沒有什麼不同。最高法院首席法官由首相控制之內閣提名，並由日皇批

准，但日皇的批准也只是象徵式。所有其他高等法院
法官僅由內閣任命而毋須日皇批准。由此可見，日本
雖然實行三權分立，實際上仍是以行政機關擔當主導
角色。

　　在美國，它採用的總統制具有比日本和英國更大
的權力平衡能力，因為美國總統是由全國選舉人票投
票選舉產生，而不是由議會大多數提名產生。美國的
議會分為兩部分，一是參議院，以州的數目作為單
位，另一是眾議院，以人民數目作為單位，兩院各具
職能，也互相制衡。儘管美國總統所屬黨派很大可能
只在參眾兩院其中之一佔大多數，在大多數情況下，
並不獲得對兩個議會的絕對控制權。然而，由於美國
總統有較大權力簽發具相當法律效力的行政命令，只
要他願意，他就可以繞過國會，去制定他認為合適的
行政命令，所以他仍然可以主導政府運作。

　　在委任法官方面，美國與日本和英國稍有不同，
聯邦最高法院的大法官的任命必須由總統提名，並提

交參議院批准。由於大法官之任命需要總統提名，在某種程度上，突顯行政主導的運作方式。從上面的例子可以看出，雖然我們尊重三權分立的原則，但實際上，在全世界，一個民主而有效率的政府，行政主導的運作是一個普遍接受和不可避免的事實。

還有另一個理由可以解釋何以行政主導是合理而最有效的。在三種權力中，每天與市民面對面，最了解他們需求及問題所在的，就是行政機關。當政府希望解決社會某問題，需要頒布或修改某些法律去解決時，就會起草認為對公眾有利的法案，並提交立法機關，進行審議和通過。立法機關負責審議草案細節，確保法案草案的內容合理，且對公眾有利。立法機關亦會自行聘用法律專業人士，協助他們查看該法案有否違反任何其他法律，或存在任何的不明確的地方。此外，如有必要，立法機關有權將該法案退還給政府修改，甚至完全拒絕通過。在這方面，立法機關全權獨立執行審議職責，不受行政機關任何影響，這就是三權分立的精神。法案一旦獲得立法機關通過，立即

成為法律。但立法的過程在運作上仍然由行政機關主
導。

當與法律有關的案件提交司法機構進行判決時，
司法機關必須嚴格遵守法律，去進行審訊及判決。儘
管法官是由政府任命，但當法官審理此案時，不允許
任何形式的影響，違反此規定將構成妨礙司法公正的
罪行。

以上的運作方式雖然由行政主導，但三權在執行
各自職責時，保持互不干預；這便符合了三權分立的
精神。

我們現在可以理解，行政主導並不意味着它違反
三權分立的精神，亦應該明白，在一個成功和穩定的
民主制度中，行政、立法和司法是互相緊扣，不能完
全分開。它們之間必須互相連繫和互相制衡，而非完
全分割。行政主導只是啟動整個政府運作的開關掣而
已，並不代表它完全控制其他機關，更不應誤會這是

違反三權分立的洪水猛獸，而加以妖魔化。

看完上述其他國家的例子後，讓我們回到香港。
香港情況有點不同。在殖民地時期，立法局議員和法
官全部由香港總督任命，總督則直接由英國政府委
任。儘管總督被指示盡量不影響司法及立法機關獨立
運作，但由於所有任命都掌握在他的手中，因此在實
際上，行政機關確實具有較大權力，去影響其他機
關。在 1993 年，即回歸前四年，香港總督更是兼任
立法局主席。所以在殖民地時代，三權是否真正能獨
立運作，完全取決於總督的自律。

今日的香港特別行政區行政長官由 1,200 人選舉
委員會選舉產生，並需得到中央政府的同意，而立法
會議員由兩個不同的來源選舉產生。35 個議席來自
不同的功能組別，35 個議席來自多個選區的選民直
選產生，立法會主席則由議員互相選舉產生。與英國
和日本不同，香港特別行政區行政長官對立法會並沒
有絕對控制權，如果政府希望通過一項法案，則需要

遊說議員支持。幸運的是，立法會的大多數仍在傾向
於支持政府的建制派手中。行政部門影響立法會的唯
一權力，是立法會運作費用和議員薪金來自政府。但
是，它對立法機構的影響力遠小於美國、日本和英
國。

反對派在議會的不合作，政府的效率愈來愈差（《明報》資料圖片）。

　　有目共睹，由於反對派在議會的不合作，政府的
效率愈來愈差。拉布（filibuster）更是司空見慣的情
況，加上歷任立法會主席沒有正確履行職責去維持立

法會的秩序，在缺乏立法會有秩序的運作下，特區政
府的施政便舉步維艱。

立法會的拉布場面司空見慣（《明報》資料圖片）。

　　至於司法制度，行政長官的權力是根據司法人員
推薦委員會的建議，任命和罷免法官。然而，委員會
的組合在很大程度上降低了行政長官的影響力，因為
委員會的 9 名成員中，6 名來自法律界，其中 3 名是
法官（首席大法官出任必然主席），律政司司長，1
名大律師公會代表和 1 名律師會代表，只有 3 名由特

首委任的非法律界人士。另外要注意，在作出委任兩個律師會代表前，行政長官須就大律師的委任諮詢香港大律師公會執行委員會，以及就律師的委任諮詢香港律師會理事會，再加上終審法院首席大法官更是當然的委員會主席，這已佔了成員大多數。行政長官委任的只有 4 名成員，一是律政司司長，非法律界人士只佔 3 名，是委員會之少數。換言之，行政長官是完全無法完全控制司法人員的任命，而似是一個橡皮圖章而已。由於司法獨立原則，法官一旦被任命，不論其判案水平如何，有否政治偏差，除非得到首席大法官全力配合，否則特首便難以作出糾正行動。

　　行政長官僅有的司法權是可以任命行政會議成員，可以與行政會議成員先行制定一些與現行法例相關的附例，及在緊急情況下引用緊急法去制定臨時法例，但仍需稍後呈交立法會追認。由此可見，如果立法會不能正常運作及給予行政機關適當支持，司法人員水平又未達標或有偏差，則香港特區政府難以有效施政。

# 司法機構
# 的獨立性和法官
# 的素質

香港很多人對司法獨立的涵義有誤解,他們普遍認為公眾不能批評法官。亦常常將法官置於極其崇高,接近一個無法挑戰的神一樣的地位。實際是否如此?

先讓我們從一個普通百姓的角度出發,法官除了接受過專業培訓而具有一定的法律實踐經驗外,與普通百姓沒什麼不同。他們有機會受情緒、個人想法和偏見影響。儘管受過良好的訓練,但是沒有人保證他們在判決案件時,絕對不會犯錯誤,或者不受個人偏見影響。

我們同意,法官在審理案件時,應獨立進行判

決，不受任何形式的影響。但是，如果法官由於偏見
或政治取態，經常作出不符合專業水準或明顯偏見的
判決，社會是否仍然不可作出批評？或者是否應該有
任何監督機制，甚至紀律處分，來糾正這種情況？根
據香港特別行政區第一任首席大法官李國能於 2004
年 10 月簽發的《法官行為指引》（下稱《指引》）
第 12-15 條，法官可以獨立進行判決，不受任何干
擾，如果忠實執行職責，他們將受到法律保護。第
13 條也明確指出，司法獨立「不是賦予法官什麼特
權，而是委予法官的重任，是法官賴以履行其憲法職
能的關鍵因素，使他們得以本着公平公正，無懼無私
的態度審理糾紛。司法獨立是公平審訊的基本保證，
也是香港市民能夠享有權利的基本保障。」

　　至於法官是否可以批評，早在 1968 年英國
法律界的泰斗丹寧勳爵（Lord Denning）在「R v
Commissioner of Police 1968」的案件中，清楚說
明法官應該無懼批評，那怕批評的言語是苛刻的，
因為這是公眾的權利（It is the right of every man,

in Parliament or out of it, in the Press or over the broadcast, to make fair comment, even outspoken comment, on matters of public interest. Those who comment can deal faithfully with all that is done in a court of justice. They can say that we are mistaken, and our decisions erroneous, whether they are subject to appeal or not. All we would ask is that... those who criticise us will remember that, from the nature of our office, we cannot reply to their criticisms. We cannot enter into public controversy. Still less into political controversy. We must rely on our conduct itself to be its own vindication.），換言之，法庭非但不應該用「藐視法庭」的理由打壓言論自由，反而，法庭應保持緘默，不應就公眾的評論而發表任何意見。

事實上，社會上的言論自由作為有效監察司法機關的大原則，早已廣泛地在被普通法地區所採用。例如早在 1911 年，澳洲的「R v Nichols」案件，高院大法官 Griffin 在判詞中說：「......if any Judge of

this Court or of any other Court were to make a public
utterance of such character as to be likely to impair
the confidence of the public, or of suitors or before it,
any public comment of such utterance, if it were a fair
comment, would, so far being a contempt of Court, be
for the public benefit and would be entitled to similar
protection to that which comment upon matters of
public interest is entitled under the law of libel.」

《指引》第 16 條：公眾及傳媒會對案件議論紛
紛，輿論有一定毀譽，但法官毋須畏懼不受影響。另
外，第 36 條說明傳媒及公眾人士會對法官判決作出
批評，法官不應回應。

從上述的案例及《指引》中的 16 及 36 條都清
楚顯示，公眾人士是完全可以對法庭作出批評。

# 法官是否
# 至高無上？

　　《法官行為指引》第 3 條指出法官亦是社會一分子，並不應過着如僧侶式生活與社會脫節，給大眾市民遙不可及的感覺，但他們必須經常保持至高行為標準不要影響法庭形象。這就指出大眾市民不應神化法官的角色。

　　《指引》第 22 條說：「法官的行為是受到公眾監察的。無論庭裏庭外，法官行事都必須維持司法人員的尊嚴和地位。」這亦意味着，法官應該預見會受到監督。在《指引》的前言第 4 條中，它明確指出，司法機構參考了不少海外司法管轄區的經驗，包括澳大利亞、加拿大、新西蘭、英格蘭及威爾斯。這也意味着，《指引》所提到的所有國家都同意法官可以接

受公眾監督。

不幸的是，即使《指引》內清楚指出法官應該接受公眾監督，但到了今天，香港特區仍然未有任何司法監督的制度。該《指引》所指法官的接受公眾監督，似乎只是一個空談。

在深入討論法官應否受到監管之前，我們先參考一些發生在香港與法官行為有關的案件。

圖右為佳寧案主犯陳松青（《明報》資料圖片）。

　　1. 30 年多前，在轟動一時的佳寧案中，一名法官被懷疑涉貪，以一罪不能兩審為理由判主犯陳松青無罪，當庭釋放，判決引來社會嘩然。在案件結束不久，該名法官很快辭職，但奇怪地，他離職不久便在塞普魯斯遇上交通事故喪生。有份參與這案的英籍律師亦在山頂住宅離奇地自殺身亡，而特別來港調查的財務公司主管加里爾・伊巴拉希（Jalil Ibrahim）亦被謀殺及棄屍大埔蕉林。儘管沒有確鑿的證據證實上述人士確實接受了賄賂，但這引起了公眾關注法官的廉潔問題，以及是否需要設立一個司法監督機制。但有人認為，廉政公署的成立已足以具有威懾力以及有關人士反對，所以最後不了了之。然而，廉政公署只負責貪污案件，但某些法官的不當行為或品格所帶來的負面影響，究竟如何處理，則無人關注，這也許是反映了社會對神化了的法官的畏懼心理。

　　2. 2001 年 8 月，警方派出臥底，成功搗破了中環閣麟街的一個色情架步。當時大約有 20 位顧客，包括多名外籍人士，正在觀看四名日本女性虐待一名

裸男的 SM 表演。最後只有架步的主人和兩名助手被
控告，所有客戶均被釋放，警方及媒體均沒透露客人
姓名。據說這是因為法院頒下禁制令，禁止有關警務
人員和媒體披露客戶的姓名和身分。根據可靠的消
息，客人中有一位是現任裁判官及兩名著名律師（案
件編號 WSCC 13727/）。如果事件屬實，法院有可
能是為了維護法庭的形象，而發出禁制令，甚至是由
於私交而私相授受，但是這卻嚴重剝奪公眾知情權及
妨礙新聞自由。因為法官光顧非法色情架步是嚴重失
當行為，必須嚴懲及向公眾交待。儘管上述案件沒有
得到證實，但至少反映出法官也是人。可能會犯與普
通人相同的錯誤。既然他們擁有如此強大的權力，制
訂一個合適的監察機制亦非不合理。


　　3. 2010 年一位在位數年姓郭的暫委法官在裁定
一宗危險駕駛案件中得知被告將會上訴，他私下寫信
給被告代表律師遊說被告不要提出上訴，並答應會自
行覆核判刑以換取被告不予上訴。郭官的行為是刑事
的妨礙司法公正，當事人向司法機構投訴。司法機構

只叫郭官自行辭職而不是按正當做法轉介警方處理。如果屬實，則有人企圖掩飾事件意圖維持法庭形象而做出「公職人員行為失當」的行為。

4. 1992 年一名高等法院法官在處理一宗刑事案時被辯方律師 Robert Buchanan 發現法官正在庭內閱讀情慾小說《查泰萊夫人》。這法官的行為令人咋舌。

5. 2011 年一名姓馬的候任暫委裁判官在正式上任前，被人發現在長洲偷取女子胸圍，被判偷竊罪成。最後不只法官做不成，大律師資格不保。

6. 1987 年英國大法官賀輔明 Hoffmann 在審訊皮諾切特（Pinochet）案中作出有利國際特赦組的判決，但他沒有披露他太太 Lady Gillian Hoffmann 受僱於相關組織 20 年，而他本人亦是該組織籌款主席。嚴重違反法律原則中「自然公正（Natural Justice）」，引來英司法界大震動，要求他辭職而他卻拒絕。該案件最後要由七位大法官重審，而他本人不久便受聘來

港出任終審法院非常任大法官，並在 2014 年獲授金
紫荊星章。

英國大法官賀輔明 Hoffmann（圖片來
源："Official portrait of Lord
Hoffmann" by Chris McAndrew,
https://members.parliament.uk/
member/2633/portrait）。

　　在看過上述案例後，大家會否認同設立監察機
制？其實每一個授予權力的人都應受到適當監察；這
包括擁有權力的人在內的所有人，因為這樣才是公平
的。

# 法官委任及紀律的問題

　　根據《法官行為指引》第 3 條指出法官雖然不應和社會脫節，但行為必須經常保持最高標準，這亦是大法官賀輔明被英國司法界要求辭職的原因。香港法院根本就不應該委任他，就算委任亦應將他在英國的情況公開披露及解釋原因。

　　《指引》第 25 條要求法官必須至為尊重法律，在他人眼中的小事如發生在法官身上可能惹來很大爭議，敗壞司法聲譽，質疑司法機構是否正直誠實。

　　在過去發生很多法官行為出現嚴重問題，包括官官相衛的徇私、性罪行、瀆職等情況，證明司法界需

要監管之外，司法的委任程序是否出現很大問題需要
全面整肅？

　　最近司法機構委任公民黨一位常委余俊翔為暫委
裁判官，備受社會質疑。但司法機構回覆，余俊翔已
經退出公民黨，現時並非該黨成員；並指出所有法官
均需遵守《法官行為指引》。余俊翔是公民黨活躍分
子，曾多次參與公民黨的政治活動及參選區議員。眾
所周知公民黨是主張挑戰法律，「違法達義」，而司
法機構亦指所有司法人員必須嚴格遵守《指引》，為
何竟委任一個支持挑戰法律多年的活躍分子為裁判
官？司法機關僅似余俊翔退出公民黨便予以委任，是
否委任者已經忘記《指引》第 25 條「法官必須至為
尊重法律」這個要求？他未做法官已經主張「違法達
義」去挑戰法律，司法機構如何保證他上任之後會尊
重法律，如何令大眾市民對司法制度有信心？香港有
數千位大律師，為何一定要聘用此人？

# 刑事檢控
# 的漏洞

　　根據《基本法》第 63 條，律政司司長負責所有
刑事檢控，沒有任何形式的干涉。同樣，在律政司發
布的《檢控守則》中亦指明：「檢控人員代表社會肩
負重大職責，確保時刻以同等的尺度，不偏不倚地秉
行公義。公眾期望檢控人員以專業精神和純熟技巧履
行職責，並堅守誠信，遵循明確而清晰的檢控政策指
引行事。」

　　然而，律政司的工作表現，近年受到嚴重批評，
包括了疏忽、遺漏及政治不中立。我們可以先看看下
面的個案才作進一步探討。

　　1. 在上述提及的佳寧案中，當時的副刑事檢控

專員胡禮達被廉政公署查出受賄達港幣 1,400 多萬而
潛逃新西蘭，最終被引渡回港被判入獄四年半。大家
試想一下檢控署第二把手也會違法，如果缺乏獨立監
管又如何確保檢控工作不偏不倚？

2. 在 2019 年一宗有關軍火武器庫的案件中，律
政司居然於檢控同意書及英文控罪書上打錯被告姓
名，遭裁判官直斥錯誤，導致整個聆訊無效，最終決
定撤銷原有控罪。這是毫無可能發生的低級錯誤，不
僅是檢控人員的專業水準，以至其政治立場，均受到
嚴重質疑。

3. 同年法庭檢控主任協會主席黃華芬在未有向
各成員諮詢，開會投票等程序，便以協會名義，發出
題為「警方公然說謊　損害司法制度」的內部電郵，
給律政司內部所有人員，並向律政司司長鄭若驊，以
及刑事檢控專員梁卓然作出投訴。黃華芬事後被問
及，承認自己僅憑「常識」去指控警方。至於法庭檢
控主任協會，只是自發團體，人數只佔 70 名法庭檢

控主任中的 20 名，沒有代表性。在此事發生後，至
少有 3 名成員因此憤而辭職。這是非常嚴重的行為不
檢。律政司公布的《檢控守則》直接採用了國際檢察
官聯合會於 1999 年 4 月 23 日通過的《檢控人員專
業責任守則和主要職責及權利的聲明》，其對檢控人
員的專業操守包括了：「須在任何時候皆維持專業信
譽及尊嚴；在任何時間皆秉持公正廉潔，謹慎從事，
以達致最高標準；力求言行一致、獨立行事、不偏不
倚，並於人前付諸實行……」這清楚說明了，檢控人
員的專業守則是在任何時間皆要遵守，並不僅限於刑
事檢控過程，謹慎從事和不偏不倚是言行一致的標
準，然而，黃華芬雖然完全違反了守則，理應即時革
退，但律政署竟然未有對他採取任何處分。

4. 2019 年 9 月，暴動正在高潮階段，律政司刑
事檢控科檢控官翁達揚與私人執業大律師梅碧思，
合著兒童讀物《一讀就懂！孩子必須知的法律常
識》，教導青少年如何「避開法律陷阱」，避開在
非法集會和暴亂現場所犯之刑事責任，以及應對警

察之合法盤問，內文甚至有明言法律對年輕人的寬
大，等於間接鼓勵青少年的犯法行為：「小倉鼠：
嗯，我有爸媽和貓大狀關心，不會獨自面對傷害呢！
只是，阿南⋯⋯貓大狀：小倉鼠，你不用太擔心阿
南！在決定檢控少年或兒童時，檢控人員還會特別
考慮以下因素：指稱罪行的嚴重程度；少年過往的
背景紀錄；少年的年齡、能力及心智和身體的表面
成熟程度；少年從家庭和其他人可得的支援；當時
的學業或就業安排；可供法庭選擇的判處刑罰；檢
控以外的其他可行方法（例如警誡）及這些方法的
成效。」「根據香港法例第 226 章《少年犯條例》，
法庭不可判處 10 至 13 歲的兒童或少年入獄；至於
14 歲至未滿 16 歲的少年，除非沒其他適當的刑罰，
例如感化令、更生中心、教導所等，否則，法庭亦
不會判處監禁。」

這是非常離譜的煽動犯法，然而，律政司對翁達
揚的「懲罰」，只是勒令他不能再處理涉及反修例示
威引起連串的公眾秩序活動的案件。這反映出律政司

的管理層不負責任，不合理地包庇下屬，絕對不符合
專業標準，必須對其與司法機構進行實質性的大整
肅。

以上種種，在在證明了，香港需要建立一個嚴格
的監督和紀律系統，以維護公眾對我們司法機構的信
心。司法是香港成功的基石，決不能被不良分子破
壞。我建議建立一個類以中央紀律委員會的獨立的監
管機構，對所有公務員，包括司法、檢控、執法及其
他授予權力的官員，進行密切監督和評估。

# 香港特區應否成立量刑標準委員會

近年來香港市民對法官判刑的批評急劇增加，主要是法官對類似罪行的處罰參差，嚴重違反量刑標準及可能有政治取向。

例如：

一名裁判官對一名被控在暴動中使用雨傘襲擊警察的被告定罪，法官以：

i）雨傘不是攻擊性武器；

ii）他一時衝動；

iii）警察無嚴重受傷；

以上三個理由，只判罰款 2,000 港元。

　　前立法會議員何俊仁被控煽惑非法集會罪成判入獄八個月，他以曾在公職服務三十年（有酬金）對社會有貢獻作求情理由而改判緩刑一年，即是不用坐監。但警司朱經緯在暴動中執行職務期間用警棍驅散人群時打中一名自稱途人一下而被判襲擊罪成。朱經緯以服務社會 30 年盡忠職守為理由求情，法官卻說朱經緯服務 30 年是有酬金為由重判入獄三個月。

朱經緯（圖正中）在執行職務期間用警棍驅散人群時打中一名自稱途人一下而被判襲擊罪成（《明報》資料圖片）。

　　與何俊仁同一案件中被告朱耀明牧師被判非法集
會罪成，他以年齡老邁（74歲）為理由求情，最被
判入獄八個月但獲准緩刑一年。但同年一位73歲保
安員為了不申請政府綜援，自食其力去申請保安員牌
照而虛報年齡，卻被判即時入獄四個月。

　　另一個案件中，法官對一名在警署牆上扔雜物的
被告罰款200港元，這罰款金額可以算是香港紀錄，
甚至遠不及在街上扔垃圾的1,500港元定額罰及限聚
令的2,000港元。在另一案件中被告在美國領事館外
牆寫「中國必勝」四個字，但未寫完「勝」字已經被
捕，最後被重判即時入獄四星期。因此，很多人主張
在香港成立量刑委員會。遺憾的是，香港特區政府對
此呼籲沒有任何回應。

　　究竟法官判刑有何準則，有否任何指引？根據英
國權威大法官 Justice Lawton 指出，法官在判決刑事
案件，需考慮四個原則：一、懲罰性；所判之刑罰
是否足以反映該罪行之嚴重性，二、阻嚇性；有關

刑罰是否足以阻嚇其他人仿效同類罪行，三、防止
性；防止該罪犯在一定期間重犯而傷害更多人，四、
更生；在特定條件下（例如真正有悔意，年齡，背
景）法官可判較輕刑罰讓初犯者自新機會。如果該罪
行有機會或已經成為常態或對社會有嚴重負面影響，
則不論背景如何，法官應判以阻嚇性刑罰（General
deterrence）。

自 2019 年下半年開始，縱火已經成為社會常態（《明報》資料圖片）。

在 2002 年在尖沙咀旅遊區一名 19 歲售貨員因
為一名遊客拒絕購物而打了該遊客一下而被判罪成。
被告以年青、一時衝動、有悔意及有求情信證明品格
本身良好為由，求情不要入獄。法官認為案情嚴重，
因為會影響香港旅遊之都形象，任何理由亦已經不應
列入考慮因素，故此重判該年青人入獄四個月。

警方多番使用催淚彈驅散非法集會人群（《明報》資料圖片）。

　　自 2019 年下半年開始暴動，非法集會、襲警、攻擊警署、擲汽油彈甚至使用軍火已經成為社會常態，前述法官的判決根本已經嚴重偏離應有的判刑的原則，毫無阻嚇性。

　　在看完上述案例後，大家認為要求成立量刑標準委員是不合理、不合常規嗎？是否只有香港人會有這樣奇特的要求嗎？答案當然不是。

　　其實在美國，量刑委員會早在 1984 年成立，負責為美國聯邦法院闡明準則，以取代先前的「不確定判刑制度」。該委員會的目的是希望盡量減少法官之間的判決偏差，給予公眾一個司法機構更加透明的形象。

　　英國則在 2003 年成立量刑指南委員會，但所發布的指南僅供參考，沒有法定權力，沒有約束力。為了提高判決的透明度和一致性，英國在 2010 年 4 月，改組成立了量刑委員會，其指南對所有法官具有約束

力。而且，其 14 名成員中，還包括了 6 位非司法機
關人士，即並非由法院壟斷權力。

　　量刑委員會決不是無中生有創造出來的新怪物，
而是國際標準。香港司法機構曾經自誇世界排名前
列，但是從量刑標準來看，香港的司法水平落後了幾
十年。建立量刑委員會，並不意味着司法機關得不到
公眾的信任，相反，法官在指南的框架下履行職責，
更加可以保護他們的判決免受不必要的攻擊。所以量
刑標準委員會的成立在鞏固香港司法的水準及國際
聲譽上有着強烈必須性。再者，成立了量刑標準委
員會，在量刑上有一是指引，就算法官本身有預設立
場，判刑上亦有一定制肘，不會出現南轅北轍的離譜
現象。

第四章

媒體與宣傳 vs 言論自由

# 媒體與宣傳 VS 言論自由

　　在分析香港媒體和宣傳工作中的問題之前，讓我們討論一下「自由」的真正含義是什麼。

　　許多人，特別是年輕一代，認為自由意味着他們可以做任何事而不受任何干擾，毫無界限或限制。遺憾的是，這絕對是一個錯誤的理解。美利堅合眾國第三任總統，美國獨立宣言的起草人之一湯瑪斯‧傑費遜（Thomas Jeffrey）說過：「既然社會是由許多有邊界的人組成的，那麼個人自由便會受到他人平等自由的約束。每一個人的自由邊界是不可侵犯的人權。」簡單地說，每個人的自由是有自由的界線，不能侵犯他人界線。在湯馬斯之前，法國於 1789 年發表的《人權與公民權宣言》中，明確指出：「自由意

美國第三任總統，美國獨立宣言的起草人之一湯瑪
斯·傑費遜（Thomas Jeffrey）（圖片來源："Thomas
Jefferson" by Rembrandt Peale, 1800, White
House Collection/White House Historical
Association, Public Domain（PD-US-expired））。

味着您只可以做任何對其他人沒有傷害的事情」。在
了解自由的意義後，我們便可以更深入地討論言論自
由和新聞自由。孟德斯鳩亦說過，「真正的自由只能
做法律容許的自由」。相信大家應該對「自由」有正

確的認識，「自由」並不是時下青年人心中所想，認為要做就可以做。有了正確概念，我們可以進一步討論「言論自由」及「新聞自由」。

　　言論自由是新聞自由的基石，它來自於自由的概念。根據 1948 年聯合國通過的《世界人權宣言》第 19 條，「人人有權享有發表意見和言論自由；這項權利包括在不受干涉的情況下人人有表達意見的自由，以及通過任何媒體和不論國界尋求，接受和傳播信息和思想的自由。」由於第 19 條未有寫清楚言論自由的限制，因此，很多居心不良的人便斷章取義去誤導年青人，令許多年輕人誤認為言論自由等於可以用任何方式說任何話，即使這些言論或行為對他人有害，甚至向公眾散佈虛假或煽動性信息意圖破壞社會秩序。但是如果大家進一步研究宣言的第 29（2）條，你就會發現該宣言確實明確指出所有自由都有一定限制。S.29（2）：「在行使其權利和自由時，每個人應受法律規定的限制，其目的是為了確保適當承認和尊重他人的權利和自由，並實

現他人的權利。不能違反民主社會對道德，公共秩
序和一般福利的要求。」

　　根據該宣言，許多國家都在其法律納入了宣言精
神的而頒布了相關的人權法。讓我們看一下《香港
人權條例》第 16 條：「人人有權發表見解及言論自
由……但權利的行使應受到某些限制：i）尊重他人
的權利或名譽；ii）保護國家安全或公共秩序或公共
健康或道德。」現在，大家應該非常清晰，如果你的
表達方式損害了他人的聲譽，將可能涉及誹謗。如果
你的言論有害於國家安全或公共秩序，則將面臨刑事
犯罪。這說明世界是沒有不受束縛的自由。

# 新聞自由之記者採訪權（第四權）VS 執法權

在深入討論香港記者採訪情況之前，我們先了解一下何謂「第四權」。「第四權理論」是由美國聯邦最高法院大法官波特‧斯圖爾特於 1974 年 11 月 2 日在耶魯大學演講時提出，強調由於新聞自由有着監察政府作用，應該比一般言論自由更受重視，政府應該給予方便及尊重，所以尊稱新聞自由為行政、立法、司法三權之外的「第四權」。大家要留意所謂「第四權」只是一個尊稱，並非真正具有任何法律效力及真正特權。但自此之後，新聞界便趨之若鶩，動不動便以第四權自居以至向政府要特別的採訪方便。但是在薩克斯比與華盛頓郵報案件中，《華盛頓郵

報》希望向獄中犯人進行訪問被拒而認為監獄當局妨
礙新聞自由提出控訴。這案件由提出「第四權理論」
的波特大法官主審。當新聞界普遍認為華盛頓郵報
勝訴較大的時候，結果卻令大為意外。波特大法官認
為在內涵上新聞自由是與普通市民的言論自由稍有不
同，但並不同意記者在未有足夠理據下有權對獄中囚
犯進行訪問。由此案件的結論，可以清楚知道，所謂
「第四權」並非一個至高無上的權力，只是可以要求
政府給予合理的採訪方便而已。

## 香港假記者充斥，妨礙真正新聞自由

　　自 2019 年 6 月連續大規模動亂爆發中，每次都
有數以百計的人穿著寫着「記者 Press」的黃色反光
背心出現。但是許多這類記者，很多時見到他們正面
站在警方防暴隊前面阻礙警方視線。當警方進行驅散
及追捕暴徒行動時他們更擋着警方，協助暴徒逃走，
更有一些趁現場混亂乘機襲擊警察。亦有暴徒在警察
追捕之時，立即穿上黃色背心化身記者逃避警方拘

捕，這些人的年齡居然由十多歲至七十多歲都有，人
數有時比現場防暴隊加上暴徒恐怕還要多。究竟這
些人是否真記者？他們的記者證是否可以代表他們身
分？如何可以杜絕假記者充斥的情況？

眾多記者正面站在警方防暴隊前面阻礙警方視線（《明報》資料圖片）。

　　首先我們要知道香港並沒有任何機構統一記者證
的簽發及監管，所有記者證都是由所屬傳媒機構發
出，除了政府新聞處及警察通例有提及傳媒、香港記
者協會及香港攝影記者協會所發出之記者證可以出席

政府新聞發布會及採訪政府官員外，其他並沒有提及。在講及如何解決假記者充斥問題之前，不妨先了解一下香港現時有多少不同類型的傳媒。

　　大致上可分為三大類：

1. 傳統電子媒體，包括電視台、電台。這類媒體受到通訊事務管理局監管，違反通訊局守則負責或媒體將會被罰。

2. 傳統報紙，是根據本地報刊註冊條例註冊，其東主、承印人、出版人及編輯在報紙報道所引起的罪行要負刑責。

　　上述兩者都可以派人出席政府新聞發布會及訪問政府官員。

3. 網媒，由於科技發達，網上媒體成為新趨勢，由於成立門檻非常低，所以一下子網媒紛紛出現。

他們多次要求與傳統媒體一樣可以出席政府新聞
發布會及訪問政府官員。雖然香港記者協會曾多
次出面提出要求，但仍被梁振英特首拒絕。正當
2017 年香港記者協會準備提出司法覆核之際，特
首林鄭月娥上場便和香港記者協會達成協議准許
網媒和傳統媒體一樣待遇，即是間接承認網媒地
位。但是成立網媒要求卻非常簡單，只需要符合
三個條件：

一）在申請註冊前 3 個月內定期有新聞報道
　　證明；

二）必須有 1 名編輯及 1 名記者；

三）每星期更新版面 5 次， 便可根據本地
　　報刊註冊條例註冊，註冊後將部分內容
　　提交報刊註冊處並每 6 個月出版一期刊
　　物。

這些要求本來已經非常低，但所要求之編輯及

記者是否具備在相關工作的經驗全無提及，更遑論
年資要求，亦沒有任何最低資金要求及其他門檻。
簡單而言，在如此低之要求下，幾乎任何人都可以
變身傳媒人。但最嚴重的是商務及經濟發展局局長
邱騰華居然認為香港作為自由經濟體，且網絡世界
無遠弗屆，加上規管有一定困難，以及無現行法例
規管網媒為理由，所以豁免網媒不受通訊管理局監
管。這樣不單只對其他有規模的傳統媒體極為不公
平，更會出現網媒氾濫及缺乏監管下會出現內容無
約束現象，易生問題。結果許多網媒出現色情、暴
力、粗言穢語、煽動違法犯罪、誹謗和人身攻擊等
內容。由於其讀者群以年青人為主，所以荼毒年青
人情況非常嚴重。許多大學和中學的學生紛紛建立
了學校媒體（所謂校園新聞網等等）並派學生到暴
動現場聲稱自己是記者進行所謂「採訪」。如果政
府允許這種做法，將是非常不負責任的，因為容許
未成熟的學生暴露在非常高的風險環境中容易受到
傷害，亦會對警察履行職責構成重大障礙。

香港警方在暴動現場發現兩名分別為 12.5 歲及 16 歲少年，手持中學生網媒發出的記者證（《明報》資料圖片）。

　　儘管報業公會主席甘煥騰曾提出強烈抗議，但政府仍然一意孤行，結果做成今日亂局。2020 年 5 月 10 日香港警方在兵慌馬亂的暴動現場發現兩名分別為 12.5 歲及 16 歲少年，手持中學生網媒發出的記者證。新聞一出，全港嘩然。其實我一早講過，網媒根本相等於一個網上電視台，絕對必須監管，但邱騰

華一意孤行，加上特首全力支持，便做成今日的惡果，
嚴重荼毒下一代。

## 香港記者協會

除了上述媒體會發出記者證外，香港記者協會亦
會發出記者證。奇怪的是，香港記者協會本身並不是
一種媒體，它只是一個根據《職工會條例》成立的職
工會，其成立目的是為了促進新聞工作者的利益、與
僱主和工人的集體談判能力，提升新聞工作者的職業
地位。根據《條例》第 17（1）規定，任何人除非通
常在香港居住，並從事或受僱於與該工會直接有關的
行業，否則不得作為該工會的會員，但上述協會的成
員卻包括全職和兼職記者，公共關係從業員和學生。
很難想像由不同群體會員組成的一個非獨立媒體的職
工會，不僅可以不受限制地發出記者證，而且得到香
港政府新聞部及警務處的認可。另外，根據第 34 條
規例，工會所有經費不直接或間接用於任何政治目
的；或支付或轉移予任何人或任何團體，以促進任何

政治目的。香港記者協會如果曾經直接支付或資助
其他人或團體進行政治活動，可能違反《職工會條
例》。

另外，由於暴亂初期香港記協會未作清楚及足夠
宣傳，很多人包括執法人員，特別是學生，誤會其會
員證是記者證，而在動亂現場自認記者以掩飾不法行
為。有一次，警察在暴動現場截查了一個手持香港記
者協會會員證的浸會大學學生，他在動亂現場穿著寫
上「記者」的黃色反光背心，破壞社會秩序被警方拘
捕。

香港記者協會聲稱在簽發記者證的程序非常嚴
謹，及只發給受僱認可媒體之記者。但香港各大媒體
都會自行發出記者證，到底何人會向香港記者協會申
請記者證，申請人目的為何？

關於記者證的處理，我們不妨參考一下其他國家
和地區的做法。

先講中國政府。根據中華人民共和國新聞出版總
署發出命令，所有新聞記者必須大專畢業，再經過考
試才可成為記者，而要求其語文能力亦很強。很多國
內記者英文程度考上雅思（IELTS）7 級或以上，所
以那些去外國採訪的中國記者英文水準相當高，最小
相等於香港律師以上的水準。當然有人批評中國政府
是很嚴謹，新聞自由度不高所以才這樣。

由英國全國的新聞
工作者聯合會（英
文簡稱NUJ）發出所
的記者守則（網絡
截圖）。

看看新加坡，其所有媒體包括網媒也統一受新加
坡的廣播法例約束，英文是 Broadcasting Act，他們
對認可媒體的要求相當高，雖然記者證不是由政府發
出但對媒體發出的記者證亦有嚴格監管。

再說英國，英國的記者證統一由 UK Press Card
Authority 發出，就是英國記者證管理局。英國記者
證管理局是警方協助成立的，而當中的成員是業界比
較大的機構，包括 BBC，還有英國全國的新聞工作者
聯合會（英文簡稱 NUJ）。所以他們不只是簽發本地
記者證，外地記者來也要由他們發出外地記者證才可
以在英國採訪。

說到美國，美國是沒有全國性的記者證發行機
構，但美國一般的記者證都由當地的警方發出。紐約
及洛杉磯警方的傳媒認證指示裏面很清楚說明，任何
人如想獲得一張記者證，就要由一間認可的媒體遞交
正式信件作推薦，同時交出這位僱員的個人資料包括

由美國加州警方所發出的媒體關係手冊
（網絡截圖）。

履歷及工作經驗等。之後，警方會作出審查，審查主
要不是看其有沒有能力做到記者，而是審查他是不是
恐怖分子，曾否犯過嚴重罪行等，這些就是審查標
準，在一切通過後才會發出記者證。

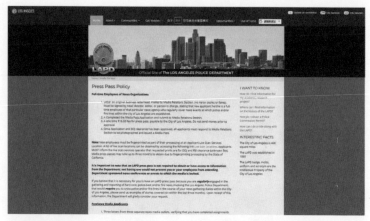

美國加州警方網站（網絡截圖）。

簡單說，美國有好多州份，加州也好、紐約州也好，記者證都是由警方發出的。

對自由身（Freelance）記者，美國警方也會發出記者證，不過要由 3 個不同媒體分別發出 3 封信，以證明申請人有為他們工作及合乎資格。所有記者證都要每年更新。還有一點，美國傳媒構一般只聘用大學新聞系畢業生，這是保障記者專業水平的一種最佳方法。

根據美國加州警方網站上資料，有關全職記者申請記者證的要求原文如下：

**Full-time Employees of News Organizations**

1. Letter on original business letterhead, mailed to Media Relations Section, (no Xerox copies or faxes). Must be signed by news director, editor, or person in charge, stating that new applicant he/she is a full-time employee of that particular news agency who regularly cover news events at which police and/or fire lines within the city of Los Angeles are established.

2. A Completed the Media Pass Application and submit to Media Relations Section.

3. A one time USD $16.00 fee for press pass, payable to the City of Los Angeles. Do not send money prior to approval.

4. Once Application and DOJ clearance has been approved, all applicants must respond to Media Relations Section to be photographed and issued a Media Pass.

而有關自由身記者申請記者證的要求原文：

**Freelance Media Applicants**

1. Three letters from three separate news media outlets, verifying that you have completed assignments requiring the need to cover news events at which police and/or fire lines within the city of Los Angeles are established.

2. A Completed the Media Pass Application and submit to Media Relations Section.

3. A one-time USD$16.00 fee for press pass, payable to the City of Los Angeles. Do not send money prior to approval.

4. Once Application and DOJ clearance has been approved, all applicants must respond to Media Relations Section to be photographed and issued a Media Pass.

另外，在美國的外國記者是由外國新聞中心 Foreign Press Centers（簡稱 FPC）監管的。就是說所

有外國記者想去美國進行採訪活動先要拿到外國新聞
中心發出的外國記者採訪證，否則便不能在美國進行
採訪活動。這個做法在新加坡、中國也是一樣的。但
在香港，你有發覺是什麼也沒有的嗎？

美國警方在發出記者證之同時會發放一份採訪指
引（警察官方網亦有載），例如洛杉磯警方犯罪現
採訪指引（Crime Scene Guideline）寫得很清楚，在
暴動或示威現場，警員有權限制傳媒在指定區域內
採訪，亦有權使用合理武力，記者不可以阻礙警察
執法，否則不受保護之餘更可以被控。指引亦清楚列
明，警方應該提供適當方便予記者進行合法採訪，但
記者亦必須依從警方現場的傳媒主任指示。美國警方
認為這種做法的目的不是干擾新聞自由，而是方便保
護新聞工作者。

如何成為美國公認的媒體？儘管沒有指定標準，
但通常警方只會認可較大規模的媒體。對於小型媒
體，警察將要求他們提交證據證明負責媒體的有關人

員具有足夠的經驗和能力，一般來說十年新聞工作經
驗是必須的，但絕對不會接受只有一兩名未知是否具
有相關工作經驗之人士所成立的媒體。

　　大家想一下，如果對網媒及記者證的簽發不加以
適度監管將引起許多問題：

1. 對誠實地履行職責的專業記者不公平；
2. 對執法人員造成極大的障礙及增加被假記者
   襲擊風險；
3. 將未成熟的學生間接地暴露於不必要的風險
   中，這是不負責任的做法；
4. 提供機會給那些居心不良的人在騷亂現場製
   造麻煩和混亂，增加了警察的負擔。

　　為了解決問題並最大程度地降低未成熟學生的風
險，我建議：

1. 修改對認可的互聯網媒體的要求。由於新聞
   工作者擁有第四權力，因此有必要設定入門
   門檻於較高的專業水平。我們知道，即使是
   房地產經紀人甚至地盤雜工，政府也要求他
   們通過考試合格才給予入行。對於具有第四
   權力的媒體，其規模和主管人員應具有相關
   的長期經驗和資歷以及最低資本。之所以要
   求有最低資本，是因為他們可能面臨無辜受
   害第三方對記者或有關網媒的不當行為和過
   失的索賠。我認為 1,000 至 2,000 萬港元並
   不是一個不合理的數字。

2. 我們應採取與美國警察相同的做法，即是所
   有記者證應由警方頒發。正如我在上面所說，
   這是為了提高新聞工作者的地位，並方便認
   可的記者在現場的工作。警方亦應該向記者
   發出採訪指南，以提醒他們的權利和義務，
   這樣可以減少誤解和可能的爭執。

在結束本章之前，我想讓大家更加了解美國警察與記者在採訪現場的做法：

1. 在警察追捕或逮捕嫌疑人或採取突襲行動的情況下，如果新聞工作者的行為妨礙了警察，其將不會受到保護。

2. 如果該行動涉及隱私，警方將不會接受採訪。

3. 除非獲得警察傳媒主管的批准，否則警方不會透露任何細節。

4. 除非得到警察傳媒主管的批准，否則任何記者和音效設備都不能帶入警戒區。

5. 新聞工作者必須具持有效的新聞工作者證，方可進入犯罪現場。

　　上述做法在西方國家普遍採用。如果香港政府打算採取這種做法，應該沒有太大爭議。

第五章

平亂方略

# 律政司司長，
# 警務處長及
# 保安局長失職

2019 年 6 月 21 日暴徒包圍警察總部達 16 小時（《明報》資料圖片）。

在 2019 年 6 月動亂剛開始不久，時任警務處處長盧偉聰一直採取姑息被動態度，下令前線警務人員盡量容忍，採取只驅趕，少捕捉之做法，希望減少暴徒傷亡數字，以免把事情弄大。但是這個忍讓卻令

到暴徒得寸進尺，而結果發生 2019 年 6 月 21 日暴徒包圍警察總部達 16 小時，出入警察總部之警察被襲擊，總部正門外牆及警徽被塗污及擲雞蛋，閉路電視被打爛等等。而警務處處長盧偉聰躲在警總不敢現身，亦不敢下令防暴隊到場驅散暴徒，期間總部內糧水缺乏，又有孕婦及其他共 13 人不適，需召喚救護車送院。最後，盧偉聰龜縮警總 16 小時，直至暴徒自行散去才敢出來。這次香港警察總部被圍 16 小時成為世界醜聞、香港警隊的恥辱，嚴重打擊警隊士氣，最終做成暴徒在 2019 年 7 月 1 日攻入立法會大肆破壞的後果。

2019 年 7 月 1 日，暴徒一早預告會包圍立法會，盧偉聰卻將 2,000 多警力分散在警總、金鐘龍和道、政府總部及立法會多個地方，在立法會附近只有大約 300 多警力（兩個機動連，每連 168 人）全部只配備催淚彈、橡膠子彈及伸縮警棍等基本裝備。至於警方購入超過大半年之兩部水炮車，據說是因為警方未曾熟習使用及未曾給立法會議員示範而未派上場。另

2019 年 7 月 1 日，暴徒衝擊立法會（《明報》資料圖片）。

外，警方擁有之數部裝甲車，在如此重要關頭亦完全
沒用上。暴徒則一早設置大量磚頭、鐵枝、竹枝在立
法會附近，並隨身配備雨傘、面具、自製盾牌及眼罩
等，根本不怕催淚彈及橡膠子彈。戰事正式開始後不
久，在雨一般的磚頭、鐵枝、竹枝瘋狂攻擊之下，警
方人員已經被逼退入立法會內。盧偉聰並未調派其他
人手解圍而任由暴徒撞門、撬門，長達數小時，最終
攻入立法會大樓。原先大家以為警方部署甕中捉鱉大
圍捕，警察卻原來一早奉命從他處撤走，任由暴徒大

肆破壞。當時許多人看着電視直播，既緊張，又擔心
暴徒真的會攻入立法會，希望警方可以守得住，更有
人希望警方可以開真槍對付暴徒。當見到暴徒真的攻
入立法會後大肆破壞之時，很多人都感到非常心痛、
失望，甚至流淚，特別是年長一輩的市民。他們覺得
勞碌了一輩子，以為可以退休安享晚年，誰知香港已
經變成無法無天的亂世。原本可以安全依賴的警察總
部卻可以被暴徒圍困 16 小時，莊嚴的立法會亦可以

2019 年 7 月 1 日，暴徒包圍並攻入立法會會議廳（《明報》資料圖片）。

任由暴徒肆意破壞，市民們怎會不心痛及對前景擔憂？盧偉聰一再懦怯的表現，亦進一步打擊警隊士氣及助長了暴徒的氣燄而最終發生中文大學及理工大學的香港史上最嚴重的暴亂事件。

隨後幾個月，暴徒愈來愈大膽，破壞商舖、包圍警署及警察宿舍、向警署及警察宿舍擲汽油彈、襲擊軍裝及便裝警察，更離譜的是公然設置路障，試圖襲擊休班警員。這個時候人心惶惶，不單只市民對警隊的保護能力完全失去信心，連警察本人及家人都擔心自己人身安全，可以說是香港史上最黑暗的時期。

其實就算香港沒有辱警罪，是否警察便要任由暴徒肆意粗口辱罵而無法應對？面對別有用心的真假記者刻意阻撓警方執行驅趕及拘捕行動，警方又可以如何處理？其他穿黃背心寫着所謂街坊、義工、社工、守護孩子、醫護議員、議員助理等人，警方應該採取什麼方法處理？當警方拘捕暴徒時，如何防止搶犯及被襲擊，特別是恐襲人數較少的便衣警員時。

示威現場出現穿黃背心的非記者人員（《明報》資料圖片）。

當時警方高層並沒有明確指示，只訓示前線警務人員盡量克制，令到前線人員無所適從，甚至常常處於被動及受到襲擊，而令到暴徒手法愈來愈殘暴及激進。

其實要解決這些問題並不難，現行很多香港法例是可以用上的，只是身為特區政府法律顧問的律政司司長鄭若驊，警務處處長盧偉聰及保安局局長李家超失職而壯大暴徒的魔性而已。

1. 根據普通法，當有人用粗語辱罵警務人員，不論該人是否記者、醫護、社工，只要他／她的言語、態度或行為引起周邊人士起哄而令到有人感到不安或恐慌或覺得利益受到威脅，警方便有權加以拘捕及控以公眾妨擾罪，最高刑罰是入獄 7 年。

2. 至於一些穿黃背心的人刻意阻撓警務人員正常執行職務，根據《簡易程序治罪條例》第 23 條，警務人員可加以拘捕及控告阻礙公職人員執行職務，一經定罪可被判罰款 1,000 元及監禁 6 個月。在非法集會或暴動現場，記者必須遵從警方指示，不得作出任何阻礙警方執行職務的行為，否則亦屬違犯《簡易罪行條例》第 23 條，可加以拘捕及檢控。

3. 根據普通法，當警方發出警告指示無意參與非法集會及暴動的人士立即離開，否則會武力清場之後，任何人士如果仍然逗留於現場將會被視作非法集會或暴動之一分子，警方有權採用武力驅趕及拘捕仍在現場聚集之人。換言之，那些仍然逗留在現場之所

謂街坊、義工、急救員、社工等皆會被視作參與非法
集會之一分子，得面對警方拘捕行動及負上刑責。非
法集會最高入獄 5 年，而暴動罪則為 10 年。

4. 《刑事罪行條例》第 160 條指出，任何人不
論單獨或結伴在公眾地方或「建築物的共用部分」遊
蕩，意圖干犯罪行或導致他人合理地擔心本身安全或
利益，即屬犯罪，一經定罪，可處監禁 2 年。《條例》
中「建築物的共用部分（Common parts）包括：入口
大堂、門廊、通道、走廊、樓梯、天台、升降機或自
動扶手梯、地窖、洗手間、車房及停車場等。如果有
人身懷鐳射筆、鎅刀、防毒面具等在商場遊蕩，則可
控以「遊蕩」及藏有可作犯罪用途工具。

5. 警察進入商場進行防止罪案巡邏，或對付正
在非法集結人士，或拘捕暴徒的時候，常常被人質疑
是否有合法權力的時候，前線警員由於對法律未有充
分熟識，故此在回應質詢時未能暢順回應而令到反對
派有藉口誤導無知的一群。根據《警隊條例》第 50

（2）條及《普通法》，當警務人員追捕任何可能已
干犯罪行人士，為免使疑犯有機會逃走，可以毋須法
庭搜查令下進入該建築物，任何人士刻意阻撓可被控
妨礙公職人員執行職務。另外，當警務人員發覺有人
正在建築物內進行違法活動時，同樣毋須搜查令而可
以直接進入該建築物阻止犯罪活動繼續進行及拘捕犯
罪分子。

6. 另外，亦有人爭議商場是否屬「公眾地方」？
據《公安條例》第 2 條解釋，「公眾地方」（public
place）是指公眾人士，不論是憑付費或以其他方式，
在當時有權進入的地方，就是「公眾地方」。簡單地
說，當商場在開放時間容許公眾進入，在該時段內該
商場就是公眾地方，在非開放時間就不算公眾地方。
換言之，除非商場聲明在開放時間內都不容許警察進
入，否則警察和一般大眾市民一樣可以在開放時段內
隨時進入而毋須搜查令。再者，任何建築物、商店、
食肆就算聲明不歡迎警務人員，但如果當時裏面有罪
案發生，警察仍然可引用《警隊條例》進入而毋須搜

暴徒在紅磡海底隧道收費亭縱火（《明報》資料圖片）。

查令。如果有人刻意阻撓，則警方可加以拘捕並控告
阻礙公職人員執行職務，並可行使適當武力。

　　如果律政司司長、警務處處長及保安局局長能夠
適時對前線警務人員發出正確指引，就不會令到暴徒
氣焰滔天，不僅無懼警務人員，更主動襲擊當值及休
班警員。再加上部署錯誤，引致多位便衣及軍裝警員
在拘捕暴徒或制止破壞時被襲擊，最嚴重是有一名警

示威現場經常有大量磚塊（《明報》資料圖片）。

長被汽油彈襲擊，導致嚴重燒傷，做了三次植皮手
術，醫治了超過半年仍未完全康復。至於無辜市民，
被襲擊而導致嚴重受傷，更是為數不少，一位市民被
暴徒用汽油彈襲擊，全身燒傷，雖然生命可以保住，
卻是經治療超過半年仍然未能完全康復；最嚴重的是
一位市民被暴徒用磚塊擲中死亡。

　　當我在 2019 年 10 月開始在網上平台「冼師傅

講場」將上述法例多次提出，及建議警方派出便衣警員（人數必須不少於軍事編制的一排，即 41 人編制）之後，不知是否巧合，警方的行動及部署有着明顯的改善，漸漸有效地遏止暴徒的動亂，特別是商場破壞情況，當新警務處處長鄧炳強上任之後，改善情況更為明顯。

當警方因為多人受傷而出現人手不足的時候，我在網上建議政府運用《公安條例》第 40 條徵用其他紀律隊伍，例如海關、懲教處及入境處為「特務警察」（Special Constable）去協助平亂，及徵用其他後備志願紀律隊伍，如民安隊去協助清除路障之後不久，巧合地特區政府便宣布運用《公安條例》40 條去徵用海關、懲教處及入境處人員為「特務警察」協助平亂，亦徵用民安隊志願隊員協助清除路障，特別是在清除理工大學大暴亂後現場大量的障礙物及燒焦的垃圾，民安隊功不可沒。

儘管警方努力平亂，拘捕了 8,000 多人，但經過

特區政府徵用海關、懲教處及入境處人員為「特務警察」協助平亂（《明報》資料圖片）。

近一年間，律政署只檢控了 1,000 多人，只有 300 多人被定罪。而法庭的判刑亦未有足夠阻嚇性，擔保金額亦與控罪不相稱，結果出現不少棄保潛逃事情發生。由於檢控及司法兩方面出現問題，平亂的進展便未如理想，加上政府文宣工作不及反動分子，所以雖然大型暴動似乎稍為收斂，但是在全港各商場以化整為零的野貓式騷亂卻從未停止，這問題的解決方法，請參考我對司法及檢控的建議。

# 裝備不對稱
# 及扭曲的警隊形象

　　香港警隊成立一百多年來以撲滅罪行、除暴安良為口號，建立一個威武之師的形象，以震懾犯罪分子。警隊應付大型示威及暴動的皇牌是「防暴隊」，而防暴隊的編制是連司機及口令員是以 41 人為一排（Platoon），由一位督察做指揮官，一位警署警長做副指揮官，並分為四小隊，每隊由一位警長指揮。每一排標準裝備，除基本的防毒面具、盾牌、警棍、催淚彈外，更有三種殺傷力比較大的武器：4 枝可發有 108 粒小沙彈，射程 150 米之雷鳴登散彈槍（通常用於獵打雀鳥）；4 枝可發射 30 厘米長，直徑 6 厘米之木彈槍，發射後，該木彈頭會在地上不斷旋轉，將暴徒脛骨掃裂受傷，令暴徒不能繼續犯事；2 支

AR15 來福槍，射程 600-800 米，是應付高空襲擊，
用以保護整個排的安全。

　　但是自從曾蔭培在 1996 年出任副警務處處長，
提議時任警務處處長許淇安，將警隊威武之師，除暴
安良的形象由「撲滅罪行，除暴安良」改為「服務
為本，精益求精」，英文則是「We serve with pride
and care」，並訓令所有警務人員面對市民指罵要
忍讓，笑罵由人。這種忍讓文化及服務形象（Police
Service）承傳到鄧炳強上任，才改為「忠誠勇毅，心
繫社會」重建警隊威武形象。據聞當曾蔭培在 2001
年出任警務處處長時更曾一度要求所有偵緝探員穿著
西裝上班，後來因為偵緝探員工作不方便，大力反對
才取消。在差不多時期，警隊進行武器改革，放棄使
用木彈槍及散彈槍而改用橡膠子彈及胡椒球彈，但仍
然保留卻永遠不會用的 AR15 來福槍作為象徵意義。

　　這一個改變在今次暴動中，武器力量的不足完全

暴露出來，而對方戰術專家所部署遊擊戰的優越性和
警隊初時戰術比較之下，即時立竿見影，高下立見。

首先，2014年警方施放催淚彈之後，反動派已經有
了一個很好應付催淚彈的實習機會，所以可以看到，
除了新加入之暴徒初期有些不習慣外，所有暴徒根本
不怕催淚彈，警方發射催淚彈只能用作保持雙方距離
之用減低警察受傷而無任何阻嚇性。至於橡膠子彈，
暴徒全部用傘陣對付，跟着便近距離用雨一般的磚塊

警務處處長鄧炳強上任後，於二〇一九年十一月將警隊座右銘改為「忠
誠勇毅，心繫社會」（《明報》資料圖片）。

對付警察，而令警察節節後退的情況亦很經常發生。
更甚者，暴徒更自製武器，包括彈叉、汽油彈、土製
炸彈及長距離之弓弩等。有一次暴徒使用射程達 80
米弓箭攻擊警察，令到一名警員小腿被射穿，要送
院救治。幸好是小腿，如果射中胸部或以上，足以致
命。

　　我個人認為，就算今次成功平亂，敵人忘我之心
不死，數年後一定捲土重來，而所用之武器殺傷力一
定更大，真槍及炸彈應該少不了。事實上，從警方不
斷破獲暴徒之軍火庫便可以推測到，相信未來反動分
子的行動會由常規暴動進化至恐怖活動。我建議警方
回復使用散彈槍，因為它是破解傘陣的最佳武器，由
於每粒沙彈只有大約保濟丸大小，但可以射穿雨傘令
暴徒受傷，而致命機率則非常低，另外如果木彈槍仍
然有生產亦應該重用。

# 外國勢力主導

　　我曾經講過外國勢力已是靜靜地滲透至香港特區多個主要支柱，包括法律、教育、會計、醫療、社工、文宣傳媒、公務員，特別是教育。教育方面，已經發展由幼稚園開始灌輸反中亂港意識，至到公開考試的美化侵華試題，可以說差不多到了全面失守的危險邊緣。歷屆特首根本毫無政治危機感，一直以為反對派議員及有關人士只是未習慣接受中國統治，希望有朝一日中國富強而有所改變，而不察覺外國勢力一直企圖利用香港顛覆中國現政權的野心。中聯辦過去 20 多年與特區政府、政商界一樣被表面的歌舞昇平、經濟繁榮、龐大儲備所蒙蔽而毫無危機感，就算知也詐作不知，以免事情鬧大，希望平穩下台。另外，由於政治部的解散，香港在政治上就仿似不

設防一樣，任由外國特工全面開展滲透工作。一名輔
警警司（相當於少校）在 2019 年底被揭發向暴徒洩
露警方的警力部署及所有行動，暫不說其他公務員，
警司級官員已經出現叛變，其嚴重性可想而知。

香港的暴亂事件根本就是一場外國勢力培養及策
劃以推倒現政權的顏色革命，已經發展到危害國家安
全的層面，並非只是特區內部事情，所以中央有理由
全面介入。有見及此，我認為中央應引用《基本法》
第 18 條為香港立法對付反動分子並下令特區政府盡
快成立特區本土安全局去打擊危害國家安全之活動。
由於香港警方未有這類工作經驗，我建議國家安全局
派人來港聯同從不同紀律隊伍抽調政治正確及可靠之
幹練人員共同執法並直接向特首及中央負責，全面對
付政治滲透，特別是公務員體系，令香港早日全面受
控，恢復寧靜。

另外，建議在香港成立特別法庭處理這類案件，
以免予人口實加以抹黑。

第六章

香港電台

# 香港電台

位於廣播道的香港電台電視大廈（圖片來源：公版圖 Chong Fat@wikimediacommons）。

　　香港電台的角色一直讓人爭議得很厲害，也不是今天開始。在回歸之後爭議更是白熱化，前《鏡報》老闆徐四民曾經嚴厲批評香港電台的角色是反中亂港。2009年6月4日，「六四事件」20周年的時候，港台製作了節目，用東歐倒台事件比喻中國政權。當時徐四民先生批評港台不知所謂，以政府部門的身分去胡亂批評政府，反中亂港。香港電台自回歸以來，很明顯地看到言論的偏頗愈來愈嚴重。2009年，被傳媒指為好色和沉迷賭博的前香港廣播處長朱培慶居然說「香港政府只是港台的上司，港台的老闆是市民」，認為香港電台是獨立自主，只需向大眾市民交待而不受政府約束，這歪理流傳到今天，導致很多反對政府的公務員也把這一句當作真理。

　　政府是不是沒有考慮過整頓港台呢？也不是的。在2011年，特區政府委任時任勞工及福利局副秘書長鄧忍光出任港台處長，希望可以改善香港電台情況。結果，上班第一天就給港台大批的職員穿黑衣服、黑地毯「歡迎」，認為他沒有料子和認為他是

來整肅港台，所以排擠他。在鄧忍光任期，香港電台員工、香港記者協會和反對派的議員多次向鄧忍光開炮，包括鄧忍光曾經批評城市論壇用空椅子代替了教育局局長是不對的，就指摘他箝制言論自由。鄧忍光身為香港電台總編輯，曾對香港電台所做的一些節目給了意見，他本來就有權對內容作出最後決定，結果香港電台的員工投訴說他干擾了編輯自主，馬上就有立法會議員在立法會批評鄧忍光。這就是說一直以來，鄧忍光想做一些小的改革或是糾正，都給港台的反對勢力令他完全做不了。直到 2013 年 3 月全台更發起「不再忍光」這個動作去反對鄧忍光，最終鄧忍光於 2015 年被調離港台。所以，以往特區政府並不是看不到的，是曾經試過，但後來為什麼不能成功呢？這是由於反對派議員的大力炮轟，政府便不敢背負箝制言論自由的惡名而放輕手腳不敢硬上弓，所以鄧忍光到最後也無功而還，改由曾經在亞視出任新聞高級副總裁，報道江澤民假死訊的梁家榮接任到現在。

　　再談《香港電台約章》，一份曾經被人違忘的香
港電台憲法文件。香港電台在 2014 年 5 月曾經就約
章作出修改。當時的港台員工希望加一句說話在約章
上，就是希望包括香港電台應該有責任促進言論自
由，但是最後遭政府否決了。香港記者協會馬上發表
聲明，說政府刪除這一句是自我箝制。當時的港台職
員有人派發藍絲帶給所有職員配帶以示抗議。我們可
以從這些事件看到香港電台背後有股神秘勢力，要將
香港電台逐漸變為獨立王國，成為反中亂港的基地，
這個就是我們所講的外國勢力滲透，絕對不可不防。
所以如果你看歷史，香港電台在過去三十年的發展，
一直都是朝着這個目標進行。還有一件事，其反中亂
港思維，漸漸地滲透到其他政府部門的公務員體系，
成為一股地下反中力量，是很大的危機。

　　接着說說，港台是一個怎樣的角色。港台是一個
政府部門，它不是一個私營機構。在它的守則 D 段說
清楚，港台及其員工須遵守適用於政府部門的所有規

則和規例。也受政府的監管和約束，包括申訴專員、通訊事務局、廉政公署和審計署等等。它的成立是為大眾市民提供一些節目，而它節目是為了什麼？我們看看香港電台的歷史。

香港電台於 1929 年成立，當時沒有電視台沒有網絡，成立香港電台是為了給市民提供多一些節目及方便向市民傳達政府信息及政策，確實有一定需要。為了讓市民可以接收新聞信息，香港電台便在 1974 年正式成立港台新聞部，在網絡世界未成熟之前，多一個渠道傳播新聞信息是無可厚非，但是在現今資訊發達的網絡世界，香港電台花那麼多錢去營運新聞部值得嗎？

另外，在電視服務方面，約章 F 段工作範圍的第 B1 節寫得很清楚，提供電視服務是彌補商營電視台不足的節目。但是今天香港各電視台的節目百花齊放，什麼類型也有，香港電台根本再無彌補作用了。我相信港台的新聞一定比不上無線電視和有線，甚至

比不上大型報紙及其網站的新聞詳細及快捷。而港台
的娛樂節目更是不堪入目，遑論跟商業性的電台比
較。港台應該只需要以正面手法去播放一些政府需要
傳達的訊息，作為政府文宣工作一部分，而不是做一
個全面性的娛樂台或新聞台。所謂彌補商營電視台節
目不足的說法，在今時今日根本是完全不成立。

在通訊事務局發給持牌商營電台的一份電台業務
守則中，有一個關於節目的製作標準。電台持牌人應
確保要以負責任的手法播放節目，避免在不必要的情
況之下引起觀眾反感。第 7 條寫明不能以低俗的手
法加入節目內容。第 7A 很清楚指出，不好用低劣品
味的材料，7B 亦很清楚不應用群體、民族、國籍作
出一些侮辱、污衊的節目。而第 42 條的 E 也很清楚，
傳達的信息必須準確，不得隱瞞重要事實誤導聽眾。
另外一段很重要，就是節目主持人不應該有角色衝
突。

但是香港電台一些主持人在聽眾以電話表達意見

時，如果聽眾的意見和主持人不相同不符合，會被掛
斷，不予播放，甚至不接駁入直播室。這些情況屢見
不鮮，角色衝突是一個很嚴重的問題。在我眼中沒有
藍黃之分，只有錯與對，就以藍黃為例，明顯很多港
台節目的主持人都是屬於黃絲，可以看到他們在社交
網站所發表的文章，甚至有些節目主持人說「黑警死
全家」，明顯是有立場的節目主持人，私人的電台也
要避免利益衝突，為何政府部門不需要？新聞部製作
的高層，包括助理處長，我們是否要審查他們的政治
取向。因為如果他們偏向一方，可以持平嗎？

　　我們的廣播處長本身是美國公民，所以他持不持
平我有保留態度。邱騰華局長支持港台，說它持平，
但邱騰華局長的家人也是外國籍，他是裸官一名，所
以他本身是否持平也是一個問號。

　　處長說持平，局長說持平，為何「頭條新聞」所
用的藝人全部有政治取向？特別想知道為何港台要用
王喜和王宗堯，兩名著名反政府甚至要求香港獨立的

香港電台「頭條新聞」畫面（視頻截圖，出處：香港電台）。

藝人？如果這也持平，很難使人信服；如果你真要持
平的話，是否應該避嫌？

　　說到《香港電台約章》，我要說清楚約章內最重
要的，B段第4條，「公共目的與使命」，無論是有
限公司，是公眾媒體或社團也好，一定要有「目的與
使命」，而香港電台的「目的與使命」就是增加市民
對一國兩制的實施情況的認識，培養市民對公民及國
民身分的認同感。邱騰華為梁家榮護航時曾公開說，
「要理解約章不應該只單單看4（A）（B），應該要

理解整篇」，因此我就又把整篇看了一次。在第 12
節（C）段當中講明，處長應該在檢討自己的工作之
外，就 4（A）（B）促進香港市民公民及國民身分
的認同及對一國兩制的正確認識，向局長即邱騰華負
責。在第 12 段（C）重複講清楚，即是不論港台製
作任何的節目內容，都要有着促進公民及國民身分認
同及對一國兩制的正確認識的目的與使命。

再看一看關於顧問委員會，在 E 部分 13 段（f）
中講到，顧問委員會應向港台提出意見，就港台如何
達致公共目的及履行其使命的事宜作出研究，亦即是
說顧問委員會都是要監察港台所製作的節目，是要符
合第 4 段當中所講，公民及國民身分的認同及對一國
兩制的正確認識。簡單而言，港台製作的所有節目，
都要根據目的與使命。

再看一下審計署關於香港電台的審計報告。香港
電台的全職人員是 869 人，其中 670 個是全職公務
人員，其他是全職合約人員。但這個全職合約人員十

分有趣，最長的合約竟然長達 18 年。再看一看它的
架構，1 個處長，2 個副處長，2 個助理處長，和 3
個總監。它的首長即廣播處長屬於 D5 級，未計其他
津貼月薪 HK$27.5 萬。再看一看他的工作量和其他
部門比較，就以海關、消防及懲教這幾個部門為例。
這些大的部門，有 6,000 至 7,000 人，都只是有 1
個處長，1 個副處長，4 至 5 個助理處長，究竟香港
電台有多大的責任，比起這些更重要的部門，要多出
這麼多處長級的人員呢？

這個部門是不是過於臃腫呢？是不是需要這麼多
副處長？還有離譜的，就是這批員工之中，有接近
60% 員工年薪達 80 萬以上。究竟港台為什麼需要這
麼多高級職員？可能因為許多製作導演都算高級人
員，但既然有這麼多外判節目，還有沒有需要有這麼
多製作人員呢？

在採購方面，全香港的政府部門採購必須要跟從
一定的採購程序，招標定價，但是我們香港電台的外

判節目有幾多個供應商？答案是「單一供應商」，是十多年都是這樣！審計署署長曾對此作出批評，建議改善，廉政公署都覺得有問題，但香港電台卻稱沒有問題，依然堅持這樣做。

在節目表現方面審計署署長亦十分不客氣地，在審計報告第 5 點的 D 段中指出港台的社區廣播的公眾認知度，只有 2.3%。在未計器材損耗、地價及地租等等成本之下，每年花費 10 多億卻只有 2.3% 認知度，究竟是否值得。

審計報告第 10 點批評它的網台，其公眾瀏覽量每況愈下，必須認真檢討。另外，港台經常只找一間公司作評估，說自己的節目受歡迎指數是十名之內，但這個評估機構在十多年來，都是同一間。還有，在審計署講到，這些評估信息，沒有計算到觀眾的人數在內，反映不到實際。講到觀眾人數，香港電台電視的收視率平均是不夠 1 點，是 0.1 點，即是 6,400 人。我想問，花費這麼多錢，只是給 6,000 幾人收看，究

竟是什麼一回事？特區政府是否富裕到有錢可以亂花呢？

審計署亦批評香港電台的教育電視節目亦是沒人收看的，因為今時今日港台播放方式落後，而市面上又有太多媒體做教育電視，所以香港電台的教育電視是完全沒有存在的需要。

《約章》第 16 節要求港台每年都要向顧問委員會提交周年報告，但審計署署長留意到港台沒有提供任何服務表現的評估報告，包括按表現目標衡量的實際服務表現，這是不符合約章內的要求，由此可見港台根本完全沒有把顧問委員會放在眼內。《約章》另外有要求商務及經濟發展局每三個月和廣播處長梁家榮開會討論節目內容，究竟邱騰華有沒有三個月開一次會，亦是一個謎。

為了了解港台，我曾連續看了八小時港台節目，節目內容垃圾到不得了，審計署署長不是無的放矢。

第一，重複又重複不要緊，但是為了充塞時間，節目中的「魚樂無窮」、「體壇追蹤」等，對着景物定鏡20多30分鐘，這就充當了一個節目，即所謂充數。31台主要是播外購劇集，32台主力是新聞及社會資訊，卻可定鏡播放立法會過程，又算是一個節目。港台每年聲稱提供很多小時的節目，但這是什麼節目呢？

一些為了支持香港電台的人說，香港電台是服務大眾，那麼它服務的是什麼呢？能否具體點說？娛樂節目嗎？很多電視台也有，網台也有。新聞？網上有很多更是實時新聞，《01》、《東方》等報刊網台也很多，無線電視甚至24小時播新聞，所以可以說基本上港台除了安份地做一個官方文宣機構，已沒有任何其他角色可以扮演。

要說港台持平，我就以2018年7月2日，城市論壇的主題：「一國兩制大智慧，呃足廿年不堪提；主席贈言信國家，黑布紫荊慶回歸」，這些是持平

2018 年 7 月 2 日，城市論壇的主題：「一國兩制大智慧，呃足廿年不堪提；主席贈言信國家，黑布紫荊慶回歸」畫面截圖（視頻截圖，出處：香港電台）。

嗎？我個人認為香港電台的發展，是有很大機會，甚至已經成為反中亂港的基地。最後結論是，如果港台不能傳揚正確的一國兩制以及國民身分認同，即我是中國人的話，其存在價值就是零。為免港台有機會成為反中亂港基地，便要考慮採取如下行動：

1. 關了這個港台，每年可以省下十多億，將所有員工全部遣散或可以給予較高遣散費，毋須調去其他部門。

　　2. 重組港台，要找一個正正式式、強硬的領導去重組，把一些和私營媒體重複的節目全部不要，做回一個正式官方的電台，傳播政府信息。製作一些節目正確灌輸一國兩制以及國民身分的認同。

　　3. 出售予有意經營電視台之商人，但按目前狀況，可以賣出的機會應該不大。

　　從有市民不惜花費數以十萬計的律師費向梁家榮提出私人刑事檢控，控告他公職人員行為失當一事，已可以反映到市民對港台如何不滿，亦是對政府不整肅港台的一種無聲抗議。整頓港台是事在必行，政府不能再扮鴕鳥，自欺欺人。

第七章

法律援助

已經變成提款機？

# 法律援助
# 已經變成提款機？

　　法律援助署成立的目的，是支持及援助一些弱勢社群，他們沒有錢請律師，所以政府出錢幫他們請律師，這是十分好的做法，而且許多國家都有。要申請法律援助一般有兩個要求，第一就是財富測試（Means test），如果你有足夠資產，身家超過三十萬，是不會接受你的申請。第二是勝算機會（Merits test），這是為了避免濫用，該處有律師先行評核案件是否有勝算機會及合理，才會批出法律援助。但實際上是否如此？

　　就以長洲「覆核王」郭卓堅為例，他多年申請法援，打了多次司法覆核都未曾贏過，但法援署一直都批出申請，直到最近因為欠法援署太多錢，才不獲批

長洲「覆核王」郭卓堅（《明報》資料圖片）。

並嘗試追討堂費。我看過很多時下「反對派」申請的
司法覆核，法援署都作出批核，但在普通市民眼中，
這些批出的法援都有濫批之嫌。如果法律援助署的把
關做得不好，好容易被人濫用。法律援助署有一個律
師及大律師的名單，即是說在這個名單上的律師就可
以處理法律援助署的案件，而法律援助署則容許申請
人在名單上選擇律師。問題就在這裏，法援署容許申

請人自行選擇律師，是一件十分奇怪的事情，為什麼
呢？最近有一件案件，有一個女子，被控暴動罪，申
請法律援助，法律援助署批准了她的申請。她要選擇
她心儀的律師，但她所選的律師已「爆額」。因為法
律援助署為了對其他律師公平及避免集中，會對委任
律師處理法律援助案件數目有一個上限，超過這個上
限就不能再接法律援助署的案件。她非常不滿意，所
以她再循「黃絲」聲稱的支援基金申請緊急支援，但
該支援基金卻以法援署已接受申請，她只是選不了心
儀的律師，但是可以選擇其他律師，所以拒絕她的申
請。該名女子就覺得十分無奈、無助及絕望。

可以選擇律師這個做法明顯有漏洞，因為如果可
以，就會有機會把利益輸送到相熟的律師，甚至大律
師。這是十分大的問題，因為曾經有一些法律援助處
名單上所謂「藍絲」的律師向我投訴，稱法援署基本
上不會把案件派給他們，而一批原有法援署的退休或
離職私人執業律師，很多時候都有優先，我不知道這

是不是事實。但由於制度上存在的漏洞，發生利益輸
送的情形不是沒有可能。如果法援署把關不力，有機
會令到有些居心不良之人借故申請法援，然後選擇
「自己人」為代表律師，令到該律師可以向法援署收
取律師費，進行利益合法輸送。亦因為如此，許多在
名單上的律師很少、甚至從未有接到法援署委托辦理
的案件，做成不公平現象。

　　我看到郭卓堅和反對派申請法援作司法覆核的律
師大部分是何俊仁所屬的何謝韋律師行。而他們所聘
用的大律師更誇張，因為是用政府的錢，全是用大律
師之外，更增聘資深大律師，還是最資深的，就是在
大律師名單中第一頁頭幾位的李柱銘大律師。我不知
道他的收費是多少，也不知道何俊仁收費是多少。不
過以我所知，香港的百多位資深大律師中，排名最低
的也要 20 多萬一堂，而這些排名高的資深大律師一
般可以索取 50-100 萬一堂。就是說，如果這麼多年
這家律師樓和李柱銘大律師，也應該從法援署收到為

數不菲的律師費。另外，梁國雄所用的大律師就是反
修例事件中黃營主力聘用的潘熙資深大律師。我不可
以說他們一定屬利益輸送，但是很明顯在這類案件中
他們都有很大收入。

　　其實如果容許申訴人可以選擇的話，有機會利益
了自己相熟的律師，也對其他律師不公道。我覺得廉

| 大律師姓名 | 在港獲委任為資深大律師年份 | 在港獲獲許為大律師年份 |
|---|---|---|
| 李柱銘 資深大律師 | 1979 | 1966 |
| 陳健利 資深大律師 | 1981 | 1970 |
| Griffiths, John, S.C. | 1982 | 1979 |
| 清洪 資深大律師 | 1988 | 1976 |
| 陳景生 資深大律師 | 1989 | 1975 |
| 廖長城 資深大律師 | 1989 | 1975 |
| 羅正威 資深大律師 | 1989 | 1976 |
| 梁冰濂 資深大律師 (女士) | 1990 | 1971 |
| 黃福鑫 資深大律師 | 1990 | 1973 |
| 胡漢清 資深大律師 | 1990 | 1975 |
| 湯家驊 資深大律師 | 1990 | 1975 |
| 梁定邦 資深大律師 | 1990 | 1976 |
| 馮華健 資深大律師 | 1990 | 1977 |
| 李志喜 資深大律師 (女士) | 1990 | 1978 |
| Huggins, Adrian, S.C. | 1991 | 1977 |
| 蔡韻年 資深大律師 | 1992 | 1985 |

香港大律師公會執業大律師名冊第一頁。

政公署應該介入，給些意見。我認為最公道就是排
隊，就是說名單上按着 1、2、3、4、5、6、7 等排序，
第一個的輪到李柱銘，第二個是輪到潘熙，第三個輪
到⋯⋯讓申訴人不可以選擇，這個是最公道的。你可
能說，這樣排可能會排到不好的律師，但是我們不能
假定哪個律師好，哪個律師不好。在這個世界上沒有
絕對，是不是排在第一頁就代表好？其他就不好？如
果排名高就是最好，那麼法援署可以只給排名最高的
幾間律師樓和排名最高的幾位大律師就可以，律師名
單何必有這麼多的名字。

還有，這班人選的都是排名最高和最貴的資深大
律師，我們是不是要有機制去限制申請人不可以立刻
選用資深大律師，因為聘用資深大律師必定有至少一
個普通大律師協助，並要由律師轉聘，這樣一來，律
師費就非常龐大。

舉個假設性例子，如果我現在特地申請法援作司

法覆核，如果法援把關不嚴，立即批准，然後我找相熟的律師負責，若果我每年做 2-3 次，我的律師朋友也一定進帳不少。法援署在過去的 5 年花費了 30 幾億，每次法援署申請撥款甚至增加撥款也很少人質疑，為什麼？因為反對派自然不會這樣做。在現行機制下，法律援助的運作確是有機會被濫用，成為別有用心之人的巨額提款機。

另外，又有人向我投訴，說法援署批核的速度並沒有一定準則，暴動中被捕人士的申請，批核都比較快，其他申請則通常超過半年才有答覆，有偏私之嫌，但實情是否如此則有待查證。

法律援助署的直屬上司是張建宗司長，張司長究竟有沒有留意法援署把關是否嚴格？但可能張司長也不知道什麼是 merits test 或者 means test。我試一下簡單說明。如果我有 50 萬財產，想申請法援很簡單，就是馬上用剩至 29 萬，那便可以聘用全港最貴的大

律師，這樣公道嗎？普通人根本用不起資深大律師，
50-100 萬一堂，就算有千萬資產亦請不起。試想一
下，一個郭卓堅在這 20 年一個人就可以用去法援署
近億元，能說法援署有嚴格把關嗎？成立獨立的監察
機制似乎是防止濫用的唯一良方。

第八章

流氓立法會——動亂之源

# 流氓立法會
## ——動亂之源

　　香港今天的亂局，除了我提及的四任特首也有缺失外，最重要的，是大家可能忽略了的立法會。自從回歸以來，立法會主席的表現是完全不及格，其中的罪魁禍首就是前兩屆的主席。首先是范徐麗泰。在 2004 年，長毛梁國雄在宣誓就職之時加入不適合的字眼，被高等法院判定不合法，宣誓無效，當時其實已經可以取消梁國雄的立法會議員資格，范徐麗泰卻容許長毛再進行宣誓，而長毛在讀完宣誓詞之後就加插「打倒共產黨」等字眼，范徐麗泰也當他的宣誓有效，這是一個非常惡劣的先例。最離譜是曾鈺成，2008 年長毛、黃毓民、何秀蘭在宣誓前加入「反共、平反六四」等字眼和不敬的身體語言，曾鈺成全部批准過關。2012 年曾鈺成再任立法會主席，反對派宣

誓就職時，黃毓民用咳聲代替共和、特區等字眼，曾
鈺成又給他過關。這些壞先例，導致 2016 年多名反
對派在宣誓就職時鬥出位，極盡醜化莊嚴宣誓之事，
其中包括梁頌恒、游蕙禎、姚松炎、羅冠聰、劉小麗
及梁國雄。這次刺激了中央，特區政府便告上法庭以
違反《基本法》第 104 條取消上述 6 名議員資格，宣
誓鬧劇才告一段落，但立法會莊嚴的立法形象已經受
重大傷害，始作俑者便是范徐麗泰及曾鈺成。

根據《立法會議事規則》42（a）規定議員在進
出立法會會議廳時，在衣飾及舉止上必須保持莊重，
1995 年 7 月 28 月前立法局主席施偉賢曾經因議員襯
衣上有「中國加油」口號而要求該議員將外套緊扣，
以免口號外露。立法局主席黃宏發在 1996 年 3 月 13
日的立法局會議上亦以同一原則作出裁決，要求兩名
議員移除衣物上的告示。2003 年 10 月 10 日秘書處
按主席范徐麗泰指示發出通告，提醒議員在出席立法
會會議時須保持衣飾莊重，T恤和汗衫等便服均屬不
可接受。2004 年 10 月梁國雄堅持穿著 T恤，范徐麗

泰稍加咨詢便容許 T 恤成為可接受服飾。但梁國雄變
本加厲，開始穿上印滿打到共產黨等反中口號 T 恤，
刻意在電視機及傳媒鏡頭前宣揚反共訊息，但范徐麗
泰卻視而不見，是一個非常壞及影響深遠的先例。此

梁國雄穿着短褲出席立法會會議（《明報》資
料圖片）。

後，立法會議員，特別是反對派穿著「騎呢」（顛三倒四）的時期就開始了。梁國雄一直試着底線，直至有一天更穿短褲出席立法會會議，曾鈺成都覺得太過分，着其穿回長褲才可以出席會議。

立法會議員的稱呼叫尊貴的議員，英文是 Honorable Councillor，什麼是尊貴？穿上合適衣服，恰當的發言，尊重立法會莊嚴形象，議員才會被尊重，配得上「尊貴」兩個字。現在的立法會議員尊貴嗎？今天有的立法會議員無論衣著、行為、言語跟流氓和去大排檔吃東西沒分別，尊貴嗎？

《議事規則》第 42（b）規定如無必要，議員不可以橫越立法會會議廳，就是說不可以衝往主席台的位置。42（c）亦規定議員不得閱讀與會議無關的書籍、刊物、電腦。根據《香港特別行政區立法會歷史、規則及行事方式參考手冊》第 8.52 節說明：儘管《議事規則》沒有明文規定議員可以攜帶什麼物品，但所

帶之物品要是必須與會議有關，例如：記事簿、手提
電腦用作翻查紀錄幫助記憶等等。另外，42（d）亦
規定當一位議員發言的時候，其他議員不得插嘴，要
保持肅靜，最重要的是，立法會議員不可以使用侮辱
性字眼及不可以指其他人有不當動機。

　　但在曾鈺成任內，除了出現衣著不莊重，何俊仁
在立法會看 iPad、看美女，成為經典「AV 仁」之外，
一些議員的行為更變得像流氓，擲東西、肢體碰撞、
賣廣告、舉牌子、衝上主席台鬧事，用玻璃杯掟特首
等，完全漠視《議事規則》之規定，令到《議事規則》
恍如廢紙，立法之人完全不守法規。曾鈺成姑息反動
派議員的流氓行為，將立法會變成流氓會議，動不動
就擲東西及暴力阻止會議進行等行為，其實這個就是
香港年青人今天變得那麼反叛的根源之一。因為電視
機上見到議員的流氓行為，令年青人覺得原來這樣又
可以做議員，發瘋一樣又可以做議員，打架又可以做
議員，這個就是教育失敗加上立法會的壞影響，助長
了今天香港的局面。由那時開始，立法會便由以往梁

前立法會主席曾鈺成（《明報》資料圖片）。

耀忠說了一句「臭罌出臭草」而不肯撤回，被主席黃
宏發逐出議會的莊嚴時代開始進入「流氓立法會」時
代。

　　除此之外，曾鈺成任內多次容許拉布，除了縱容
反對派令到拉布成為立法會常態外，亦窒礙特區政府
施政，最終導致到在梁君彥任主席時代，郭榮鏗居然
可以在一個內務委員會主席選舉的簡單議程，都可以

拉布超過半年，簡直令人咋舌，不可置信。

曾鈺成一直想左右逢源，私底下跟泛民，特別是梁國雄眉來眼去，大家都知道他想塑造自己成為一個平衡兩邊勢力唯一理想人選。他想不想當特首，我不知道，但很多人也說他很想當特首。不過，就算今天他出來參選特首，我不認為他可以做到特首，因為一個人左右逢源就是告訴大家他的忠誠度不夠，這樣又何以配做特首？

2019 年底曾鈺成接受法國媒體的訪問，要求林鄭月娥特赦在暴動案中干犯輕罪的人，而重罪就不特赦，而且設立期限。令人詫異的是，他做過多屆的立法會主席，都不清楚法律是什麼？竟然可以為了討好反對派而說出一些完全不合法理之言論。現在所有案件已經上了法庭，如果特首真的未判先特赦，這樣做是完全違反司法獨立的精神。因為當一件案件交上法庭之後，就應該交由法庭獨立處理，之後的結果又是另一件事。另外，在法庭未判決之前特首怎樣去分別

輕或重呢？標準是什麼呢？現在拘捕的多是非法集結和暴動罪，最高刑罰分別是入獄 5 年及 10 年的重罪，要如何特赦？我認為要特赦的話應該要特赦朱經緯警司，因為朱經緯當時在暴動現場只是用警棍掃一掃，驅散人群，就被判有罪，入獄 3 個月。而所謂「受害人」鄭仲恆聲稱只是經過，但今日他就以獨立民主派身分去參選區議員，他是不是真的無辜，大家心裏有數。

另外，有人曾經要求林鄭月娥成立獨立調查委員會調查警方，而林鄭月娥曾告知曾鈺成是警方不贊成，這是屬於機密，但曾鈺成卻向傳媒洩露了兩者之間的對話，這樣很容易令人覺得特首和警方勾結、包庇警方。看他過去的行為和表現，我認為前幾任中央領導人可能是看錯了人，他的心是不是真的以香港市民為福祉？還是別有用心呢？社會及歷史自然有公論。

在會議廳秩序方面，到今屆由梁君彥當主席後已

經好了一點，起碼有將一些激進的搗亂議員逐出會議廳，重拾一些秩序，但是在立法會做騷或賣廣告舉旗，包括衣著、宣傳標語等仍然未有制止。

郭榮鏗在主持立法會內務委員會主席選舉會議竟然可以拉布 17 次，歷時超過半年，並在記者招待會說如果為了爭取自由民主而被取消議員資格會覺得光榮，還說解決現在內委會的問題需要所有議員全力合作。我都不知道他在說什麼。

第一，他說明拉布目的是阻止國歌法和 23 條通過，這些憲制責任跟自由民主有什麼關係？每個國家也應該要訂立國歌法，市民也應該支持，他所說的自由民主就是要反政府嗎？這個立論根本完全不成立。

第二。解決立法會的問題其實很簡單，立即進行選舉程序，15 分鐘解決了，其他議員只要表示同意或反對，根本毋須特別合作，只是他和那 20 幾位反對派議員不合作，所以我覺得本末倒置。

　　還有，有人說郭榮鏗是根據《議事規則》，讓議員發言。我重申一次，議事規則第 75 條 2A 說明得很清楚，在選主席的時候，要在第一次會議已經選了，就是頭 30 分鐘已經選好了然後進入正式的程序，郭榮鏗根本就違反《議事規則》。至於他說《議事規則》給議員發言，我覺得極其荒謬。第一，這個不算是一個會議，只有一個議題，就是選主席，根本就不應該發言。而我更看到很多反對派議員在選主席的會議上提出什麼呢？「保安不夠很好要加強」、「五大訴求缺一不可」等等，完全跟選主席是沒關係的。根據《議事規則》41 條，議員只限於在討論題目中發表意見，是不應該說一些不相關的事。郭榮鏗主持的會議題目是什麼？是選主席，立法會的保安嚴緊和保障等等，該是選好主席之後才議的事，他的行為明顯是越權（ultra vires）。

　　拉布超過半年，現任立法會主席梁君彥，究竟有沒有真的根據《議事規則》，履行主席的責任去解決問題？我有所保留。在這 6 個月內，梁君彥有否研究

清楚郭榮鏗是否越權及公職人員行為失當，去作出適當處理？什麼是越權？郭榮鏗這個臨時選舉正式主席的主持人，是沒權去聽取其他意見的。例如上文提到的，立法會保安嚴不嚴謹，有沒有保護議員，五大訴求有否得到回應、一國兩制等等的言論。郭榮鏗應該如何處理？對不起，應該是等正式主席選出後，你們才可提出這些意見，他可沒權這樣做。而他這樣做了，等於越權，一個立法會議員完全越權，而梁君彥

立法會會議廳（《明報》資料圖片）。

不盡快行使主席的權力制止，亦是有失職之嫌。其
實這次事件十分容易解決，我曾經在網上平台「冼
師傅講場」提議梁君彥引用《議事規則》第 92 條去
解決事件，92 條說明，對於《議事規則》未有說明
之情況，主席有權制訂他認為合適的做法，這是立
法會主席解決任何不明朗事情的「尚方寶劍」。幸
好，儘管梁君彥初期對使用 92 條有所猶疑，但最終
都引用 92 條，剪了長達 7 個月的拉布。其實我上述
的法律觀點和梁君彥後來所聘用的資深大律師的法
律意見完全一樣，只不過梁君彥一直逃避而已。

　　如果立法會不能運作暢順，主席任由反對派肆意
拉布，搗亂及破壞秩序，是對特區運作一個重大阻
礙。所以我提議：

1. 將來的立法會主席除了議員互選產生之外，
　必須由中央同意任命，並必須不能是裸官（即
　是所有家人皆有外國居留權），熟悉《議事
　規則》及有承擔。

2. 所有立法會議員不論新或舊，每年都要重溫
   《議事規則》及《基本法》。

3. 所有立法會議員必須沒有外國居留權（現時容
   許 20% 議員有外國護照）。

4. 香港很特別，是最多犯過法的人做議員，我建
   議所有議員被定罪超過 3 個月就自動喪失議員
   資格毋須由立法會通過，並 5 年內不得再參
   選。

最後，立法會在一般情況下警方是不應該進入，
但是我認為，如果立法會內有犯罪行為，包括打架或
刑事毀壞等，警方可根據《警隊條例》及《普通法》，
有權主動進入制止罪案繼續及拘捕疑犯，毋須立法會
主席批准。如果有人違犯「立法會特權法案」阻礙立
法會議程進行的話，秘書處應該立即報警而不應該由
主席「私了」。肢體碰撞或扔東西等已經違犯立法會

特權法，我覺得任何議員都可以報案，毋須等主席同意，但如果主席能與警方溝通得好，情況是可以改善。

第九章

修改基本法

# 修改基本法

　　香港特區的問題，主要是多年來外國勢力利用部分香港人對中國認知不足，暗地在各主要層面進行滲透，當中以公務員體制及教育為中心目標，然後向外圍散播，灌輸反中思維，靜靜培養龐大反動勢力，尤其是新一代。這種滲入，讓教育體制近乎全面淪陷，由幼稚園到大學，甚至教育和考試系統。經過多年部署，司法機構，檢控及立法這三大支柱，均有大量反中勢力滲透，加上歷任特首的政治敏感度不足，特區政府未能適時作出對應，以致未能有效掌控上述三大支柱，這是最大問題。只要有效掌控司法、檢控及立法，其他的，便容易解決。此外，《基本法》在30年前制訂之時，由於主要先安撫民心，以及未有先

例，因此大部分內容是以港英管治方式為藍本來改編，因而存在不少漏洞。回歸 23 年，大家知道了相關問題的存在，所以我認為，《基本法》必須作出適當的修改，堵塞漏洞，免被反中勢力鑽空子。只要修改到用詞適當，便不會被人詬病破壞「一個兩制」。建議修改的內容是加強中央主導的角色，加強鎮懾作用。

《基本法》封面（網絡圖片）。

## 基本法修改建議

1. 《基本法》第 13 及 14 條規定國防及外交由中央政府負責，香港特區內部事務由特區政府負責。但是，反中外國勢力的滲透，並不是單純特區內部問題，而是國家安全問題，所以應加入「如果香港特區出現的問題是關乎國家安全及顛覆勢力，則不屬於香港內部問題，中央政府會介入處理。」因為反動派常常以干預特區內部事務為理由，反對中央介入，令到特區政府及中央有一定的制肘，如果加入上述條款，中央可以名正言順介入處理，對反中勢力有一定阻嚇性。

2. 第 18 條，關於中央可將全國法律列入附件三：「凡列於本法附件三之法律，由香港特別行政區在當地公布或立法實施。」這一段可改為：「由香港特別行政區當地公布實施，如當中有特區政府認為不適用之條文則立法修改，如特區政府未有指出有不適用之條文，則會視作全部適用。」這樣修改，就會由被動

改為主動：在宣布生效之時，特區政府可以講明哪一
部分需要由立法會修改，法庭、檢控及執法人員及大
眾也可清楚知道哪一部分即時生效，可以依法處理。

3. 第 18 條最後部分是：「全國人民代表大會常
務委員會決定宣布戰爭狀態或因香港特別行政區內發
生香港特別行政區政府不能控制的危及國家統一或安
全的動亂而決定香港特別行政區進入緊急狀態，中央
人民政府可發布命令將有關全國性法律在香港特別行
政區實施。」在這最後，建議補加一句：「或直接為
香港特區立法。」

4. 第 22 條：「中央人民政府所屬各部門、各
省、自治區、直轄市均不得干預香港特別行政區根據
本法自行管理的事務。中央各部門、各省、自治區、
直轄市如需在香港特別行政區設立機構，須徵得香港
特別行政區政府同意並經中央人民政府批准。中央各
部門、各省、自治區、直轄市在香港特別行政區設立
的一切機構及其人員均須遵守香港特別行政區的法

律。」就此，雖然中央政府已澄清港澳辦及中聯辦有
權介入香港事務，但仍建議在此條加入適當條款，進
一步加強兩辦的功能，以免再予人口實。

　　5. 第 23 條：「香港特別行政區應自行立法禁止
任何叛國、分裂國家、煽動叛亂、顛覆中央人民政府
及竊取國家機密的行為，禁止外國的政治性組織或團
體在香港特別行政區進行政治活動，禁止香港特別行
政區的政治性組織或團體與外國的政治性組織或團體
建立聯繫。」

　　建議最後加入：「如特區政府未能適時立法，
香港特區可根據現行適用法例，例如《刑事條例》
（Crime Ordinance）第 1 至第 10 條及普通法，去處
理有關罪行。」其實，如果上述第 2 點修改被採納，
在國內有關的叛國罪已經可以放入附件三，即時宣佈
生效，不適用部分才由特區政府立法修改，這方法最
簡單直接。

6. 第27條：「香港居民享有言論、新聞、出版的自由，結社、集會、遊行、示威的自由，組織和參加工會、罷工的權利和自由。」建議最後加入「但不能牴觸現行法例及危害國家安全。」以上修改和對自由的限制，符合1966年12月16日經聯合國大會通過，1976年3月23日生效的《公民與政治權利國際公約》第19條：「三、本條第二項所載權利之行使，附有特別責任及義務，故得予以某種限制……保障國家安全或公共秩序，或公共衛生或風化。」香港政府在1991年6月8日通過的《香港人權法案條例》，把這公約內容列入法例，換言之，以上的《基本法》修改，絕對符合國際人權標準。

7. 第32條：「香港居民有宗教信仰的自由，有公開傳教和舉行、參加宗教活動的自由。」建議加入「宗教」的定義：「宗教泛指導人向善，無政治性的宗教組織，但並不包括以宗教為名義進行非法活動，灌輸不良意識，進行政治活動之團體，例如法輪功等邪教組織。一些已在獲特區政府認可的宗教組織，如

果被發現有參與非法活動，則特區政府應立即將其列為非法組職，加以取締。」這樣可以馬上取締法輪功及其他假宗教，以免他們以宗教名義，進行不法活動。

8. 第44條關於行政長官候選人資格，只要求「由年滿四十周歲，在香港通常居住連續滿二十年並在外國無居留權的香港特別行政區永久性居民中的中國公民」。由於外國勢力的政治活動已嚴重傷害了香港的社會秩序，如果行政長官的直系親屬在外國有居留權，不排除有着利益衝突，有可能在施政時有所顧忌，不能全心全意為特區服務。我建議把「外國無居留權」改為「本人及其直系親屬均無外國居留權」。其實，特區的司長及局長及敏感部門首長如司法機構、警隊、廉政公署、入境處、證監會、金融管理局及聯交所等，亦應有同樣的要求。

9. 第52條「行政長官辭職」中，列出了3種「必須辭職」的理由，包括了：嚴重疾病、解散立法會後

重選仍未能解決重大爭議、立法會拒絕通過財政預算案。建議加入第 4 款，即「罷免行政長官」：「如特首未能恰當履行職務或行為有損害國家或香港特別行政區的重大利益，則人大常委會有權將其罷免。」此改動是令到中央除了有委任權之外，仍然保留罷免權，以免出現不正常情況後才作處理，被人無理質疑。

10. 第 55 條，行政會議成員之委任人選，建議多加一條限制：立法會議員不能當行政會議成員。皆因行政會議應完全獨立於立法會，因為存在利益衝突。試問如果行政長官會同行政會議成員，希望通過一個行政命令，但該命令與某一議員所代表的功能組別或選區選民有利益衝突時，該議員應當如何決定？另外，同樣地，所有行政會議成員都不應該是「裸官」，其本人和家人不應有外國居留權，因為行政會議是特區最高決策機構，所有資訊屬高度機密，因此，其成員誠信要求必定要做到無懈可擊。

　　11. 同樣道理，第 67 條中，容許 20% 立法會議
員是「非中國籍的香港特別行政區永久性居民和在外
國有居留權的香港特別行政區永久性居民」，此條款
應予取消，改為必須是中國公民及沒有外國居留權。
30 年前，制訂《基本法》之時，的確有許多議員擁
有外國居留權，因此有此寬鬆條款。但 30 年後的今
天，應該盡量減少外國勢力可以滲透的機會，立法會
也要本土化。此規定亦應適用於區議會議員。

人大常委會會議（《明報》資料圖片）。

12. 第 71 條：「香港特別行政區立法會主席由立法會議員互選產生。」建議多加一句：「由中央任命生效。」另外，如果主席未能恰當履行職責或行為有損害國家或特區重大利益，人大常委會有權取消主席職位，並要求議員再選新主席。

13. 第 79（6）條：「在香港特別行政區區內或區外被判犯有刑事罪行，判處監禁一個月以上，並經立法會出席會議的議員三分之二通過解除其職務。」建議改為：「判處監禁一個月以上，即時自動取消資格。」現時立法會太多被判刑之人參與立法，被人詬病。邵家臻坐牢 8 個月，又可以大搖大擺返回立法會，參與立法，並刻意刁難懲教署，這種不恰當之法，當然需要修改。

14. 第 79（7）：「行為不檢或違反誓言而經立法會出席會議的議員三分之二通過譴責。」建議改為二分之一通過及主席同意，便可罷免。

15. 第 89 條規定了在法官無力履行職責或行為不檢時罷免的可能性：普通法官是行政長官根據終審法院首席法官任命的不少於 3 名當地法官組成的審議庭的建議，首席法官則要由行政長官任命不少於 5 名當地法官組成的審議庭進行審議，建議增加一條：「如果首席法官無力履行職責或行為不檢時或行為有損害國家或特區政府重大利益，人大常委會有權罷免。」

16. 第 104 條：「香港特別行政區行政長官、主要官員、行政會議成員、立法會議員、各級法院法官和其他司法人員在就職時必須依法宣誓擁護中華人民共和國香港特別行政區基本法，效忠中華人民共和國香港特別行政區。」建議改為：「擁護及及效忠中華人民共和國及忠誠於香港特別行政區政府。」這樣可加強他們國民身分的認同，及加強他們愛國思想，更可影響大眾市民。

17. 建議要求所有公務員同樣宣誓：「擁護及效
忠中華人民共和國及香港特別行政區政府，並嚴格遵
守公務員守則。」

上述修改目的，除了加強中央對特區主權的宣示
外，亦可對外國及本土反動勢力起了鎮懾作用。但
是，就算中央同意全部修改，也需要選出一個精明、
幹練、忠誠及有承擔的行政長官，勇於把內部的教
育、司法、檢控、公務員等等問題妥善處理，才可以
將香港特區帶回正軌，讓這顆「東方之珠」重新發亮
發光。

# 結語

　　香港特區除了雄厚的財政儲備之外，無論公務員忠誠度、司法及檢控、立法會、教育、醫療、會計、法律、文宣等各個板塊已被蠶蝕至近乎淘空了底。如果不下重藥及來一個大手術醫治，最後就算特區不會分離母體，都會被搞至如稀泥，淪為永無寧日的一個妖獸都市，為中央添煩添亂，更苦了無辜市民。到了大部分新一代被荼毒，反中勢力佔據每一個角落，雄厚的儲備被花得七七八八的時候，才決定重手下藥，也太遲了。

　　此外，香港特區政府在關於經濟、民生、房屋、老人及青少年問題上的施政都有一定缺失及政策離地（不切實際），極需改善。上述問題一日未能解決，香港經濟發展一定會受影響，其他民生、房屋等問題

便無從釋除。但由於篇幅所限，無法一一在此書涵蓋，日後有機會當再和大家討論。在編製這本書的過程中，除了要多謝編輯團隊的全力協助外，亦要多謝我太太及囡囡的全力支持，騰出家庭樂時間，讓我得以集中精神完成這本書。最後，當然是多謝大家的支持，謹祝大家生活愉快。

（註：由於本書在 2020 年 5 月 17 日完稿，我相信在出版之時，局勢或有一定變化，但我仍希望書中的建議，能得到有關當局認真考慮。另外，儘管我在寫作之時已力求資料準確，但可能仍有遺漏之處，敬祈體諒。）

冼國林

攝於二〇一〇年，葉準
師傅憑《葉問前傳》獲
得第十三屆上海電影節
傳媒大獎最佳男配角；
《葉問前傳》則獲得最
佳電影入圍獎。（作者
提供）

攝於《葉問1》看
景後，冼國林與葉
準師傅示範詠春給
葉偉信導演。（作
者提供）

攝於橫店，拍攝電影《醉馬騮》，由吳京擔任主角，冼國林擔任助手（右起：吳京、冼國林，最左為劉家良師傅）。（作者提供）

# 重病的香港，
# 如何救治？

| | |
|---|---|
| 作者 | 冼國林 |
| 責任編輯 | 陳文威 |
| 封面及美術設計 | 簡雋盈 |
| 內頁排版 | 子朗 |
| 出版 | 明報出版社有限公司 |
| 發行 | 明報出版社有限公司 |
| | 香港柴灣嘉業街 18 號 |
| | 明報工業中心 A 座 15 樓 |
| 電話 | 2595 3215 |
| 傳真 | 2898 2646 |
| 網址 | http://books.mingpao.com/ |
| 電子郵箱 | mpp@mingpao.com |
| 版次 | 二〇二〇年七月初版 |
| ISBN | 978-988-8687-13-8 |
| 承印 | 美雅印刷製本有限公司 |